本著作系辽宁省教育厅 2021 年基本科研项目"文化诗学视角下庞德《华夏集》的中国元素研究"(项目编号：LJKQRFC202102) 的阶段性研究成果

辽宁对外经贸学院金课项目"印象英美"（项目编号:2022XJJKGCYB03) 的阶段性成果

跨文化传播视野下的英汉翻译问题研究

李爱华◎著

武汉理工大学出版社

·武 汉·

内容提要

本书是一部探讨跨文化传播视野下英汉翻译问题的学术性著作。本书从跨文化传播与翻译的基本问题入手，分析文化因素对英汉翻译的影响，并在此基础上论述跨文化传播视野下英汉翻译的原则与策略。之后本书重点对英汉特殊词汇、语言交际以及传统习俗等翻译问题进行剖析，并为解决这些翻译难题提出具体的翻译技巧。最后，本书特别关注了中国典籍、诗词曲赋、散文小说、琴棋书画、科技文化与技艺文化等层面的翻译问题，本书对于推动英汉翻译理论与实践的发展具有重要意义。

图书在版编目(CIP)数据

跨文化传播视野下的英汉翻译问题研究 / 李爱华著．

武汉：武汉理工大学出版社，2024. 10. -- ISBN 978-7-5629-7279-2

Ⅰ．H315.9

中国国家版本馆 CIP 数据核字第 2024Q823U7 号

责任编辑：严　曾
责任校对：尹珊珊　　　排　　版：任盼盼
出版发行：武汉理工大学出版社
社　　址：武汉市洪山区珞狮路 122 号
邮　　编：430070
网　　址：http://www.wutp.com.cn
经　　销：各地新华书店
印　　刷：北京亚吉飞数码科技有限公司
开　　本：710×1000　1/16
印　　张：13.75
字　　数：218 千字
版　　次：2025 年 3 月第 1 版
印　　次：2025 年 3 月第 1 次印刷
定　　价：96.00 元

凡购本书，如有缺页、倒页、脱页等印装质量问题，请向出版社发行部调换。
本社购书热线电话：027-87391631　87664138　87523148

·版权所有，盗版必究·

前 言

文化传播作为推动文明进步的重要力量，不仅促进了各国文化的交融，也推动了人类文明的持续繁荣。英国著名哲学家罗素（Russell）曾深刻指出："不同文明之间的交流是人类文明发展的里程碑。"这句话精准地表明了文化交流在人类文明发展中起着不可或缺的作用。跨文化传播作为文化交流的重要形式，在人类文明的发展与交流中起到了巨大的推动作用。

翻译作为语言与文化的桥梁，其本质便是将一种文化的信息、观念、价值等传递给另一种文化的受众。因此，翻译与跨文化传播的本质属性基本相同，二者都致力于打破文化间的隔阂，实现文化信息的有效传递。借助翻译这一文化桥梁，译者得以将本国文化的精髓推向更广阔的世界文化之林，与世界各地的文明进行和谐交流，共同推动人类文明的进步。基于此，笔者精心策划并撰写了《跨文化传播视野下的英汉翻译问题研究》一书。本书从跨文化传播的视角出发，重新审视翻译在文化交流中的地位和作用，深入探讨翻译的本质、特点及其在推动社会文化繁荣方面的巨大贡献。本书还结合大量实例和实证研究分析了翻译在跨文化传播中的具体表现及存在的问题，并提出了相应的解决方案和建议。

本书共有八章。第一章对语言、文化、传播及跨文化传播的内涵进行了概述，并分析了英汉翻译的一些常见问题。第二章为过渡章，分析了跨文化传播与英汉翻译的关系。第三章至第五章将跨文化传播与翻译实践有机融合起来，分别阐述跨文化传播视野下的动植物、习语、典故、颜色、数字、人名、地名、称谓语、委婉语、节日、饮食、服饰、建筑等的翻译，还分析了中西方文化的具体差异和相应的翻译技巧，并列举大量实例进行说明。第六章至第八章主要从中华优秀传统文化外宣翻译的视角来分析，首先分析中华优秀传统文化的精髓以及外宣翻译的内涵，并探讨了中华优秀传统文化外宣翻译中的文化空缺现象与处理对策，之后重点论述了中国典籍文化、诗词曲赋、散文小说、琴棋书画、中医文化、传统科技文化、传统技艺文化等方面的外宣翻译问题及技巧。

  本书呈现出以下四个显著特征。其一，系统性。在深入探讨跨文化传播视野下的翻译实践之前，作者首先对跨文化传播、英汉翻译问题以及二者间的关联进行了系统的阐述，确保了论述的逻辑性与连贯性。这一系统的理论有助于读者更好地把握后续翻译活动的精髓。其二，全面性。鉴于翻译本质上是一种跨文化交际活动，本书以此为核心展开了全方位的探讨。除了阐述基础概念和理论体系，还重点关注了跨文化传播视野下的各类文化翻译问题。其三，创新性。中华传统优秀文化具有独特的优势，构建具有中国特色、中国风格、中国气派的国际话语体系，提升国家的文化软实力，增强国际交往中的话语权，已成为新时代的迫切课题，因此本书着重对中华优秀传统文化的外宣翻译进行探讨，以期增进中国文化外译的实践效果，助力实现中国文化"走出去"。其四，可读性。本书内容充实且表述清晰，使读者能够轻松理解并吸收书中的知识。书中大量生动的实例有助于读者深入领会相关概念及具体实施方法，提高了本书的实用性。本书结构合理、译例丰富、深入浅出，是进行跨文化传播的良师益友。

  在成书过程中，笔者参阅了大量的文献和专著，并引用了部分专家和学者的一些观点，在此一并表示衷心的感谢。因写作水平有限，书中难免存在疏漏之处，还望广大读者批评指正。

作　者

2024 年 5 月

目 录

第一章　绪　论……………………………………………………… 1
　　第一节　语言、文化与传播…………………………………… 1
　　第二节　跨文化传播理论阐释………………………………… 23
　　第三节　英汉翻译问题解读…………………………………… 27

第二章　跨文化传播与英汉翻译…………………………………… 33
　　第一节　文化因素对英汉翻译的影响………………………… 33
　　第二节　跨文化传播视野下英汉翻译的原则………………… 50
　　第三节　跨文化传播视野下英汉翻译的策略………………… 53

第三章　跨文化传播视野下的英汉特殊词汇翻译………………… 59
　　第一节　跨文化传播视野下的英汉动植物翻译……………… 59
　　第二节　跨文化传播视野下的英汉习语、典故翻译………… 66
　　第三节　跨文化传播视野下的英汉颜色、数字翻译………… 75

第四章　跨文化传播视野下的英汉语言交际翻译………………… 90
　　第一节　跨文化传播视野下的英汉人名翻译………………… 90
　　第二节　跨文化传播视野下的英汉地名翻译………………… 94
　　第三节　跨文化传播视野下的英汉称谓语翻译……………… 97
　　第四节　跨文化传播视野下的英汉委婉语翻译……………… 101

第五章　跨文化传播视野下的英汉传统习俗翻译………………… 109
　　第一节　跨文化传播视野下的英汉节日翻译………………… 109

  第二节 跨文化传播视野下的英汉饮食翻译……………………114
  第三节 跨文化传播视野下的英汉服饰翻译……………………121
  第四节 跨文化传播视野下的英汉建筑翻译……………………125

第六章 跨文化传播视野下中华优秀传统文化外宣翻译…………131
  第一节 中华优秀传统文化传播的意义……………………………131
  第二节 中华优秀传统文化传播的重要途径——外宣翻译…145
  第三节 中华优秀传统文化外宣翻译中的文化
      空缺现象与处理对策……………………………………153

第七章 跨文化传播视野下中国经典文学翻译………………………165
  第一节 跨文化传播视野下中国典籍文化翻译…………………165
  第二节 跨文化传播视野下中国诗词曲赋翻译…………………172
  第三节 跨文化传播视野下古代散文小说翻译…………………175
  第四节 跨文化传播视野下古代琴棋书画翻译…………………179

第八章 跨文化传播视野下中国其他优秀文化翻译…………………182
  第一节 跨文化传播视野下中医文化翻译………………………183
  第二节 跨文化传播视野下中国传统科技文化翻译……………191
  第三节 跨文化传播视野下中国传统技艺文化翻译……………196

参考文献……………………………………………………………………202

第一章 绪 论

众所周知,语言与文化之间的关系是千丝万缕、密不可分的。在全球化日益加剧的今天,不同文化之间的交流日益频繁,翻译作为沟通不同国家语言和文化的重要媒介工具,发挥着举足轻重的作用。在长期的翻译实践中,人们积累了丰富的经验,形成了完善的翻译理论体系,为翻译工作提供了有力的理论支撑。翻译不仅是简单的语言转换,更是一种文化的传递和交融。译者需要在深入理解原文的基础上,准确地将原文的意思和风格传达给目标语读者,同时还要考虑不同文化背景下的差异和冲突,以确保翻译作品的质量和效果。因此,译者只有具备扎实的语言功底和深厚的文化底蕴,才能胜任这一复杂的工作。本章作为开篇,对语言、文化、传播、跨文化传播的理论进行阐释,并分析英汉翻译的一些基本问题,为后面章节的展开做铺垫。

第一节 语言、文化与传播

一、语言

(一)语言的定义

语言是什么?这一直是语言研究界探索的核心议题。这个问题的探讨不仅具有深远的意义,更对于人们理解语言的本质以及它在人类社会中的作用有着决定性的影响。

在国内外学术界,语言的概念并没有一个统一的定义。学者们各抒己见,提出了许多独到的观点。不论他们有何分歧,他们都承认语言是人们交流、沟通的主要工具,是人们表达思想和情感的方式。语言不仅是人类所独有的,也是人与动物区分开来的重要标志。语言不仅是人类社会的产物,更是人类文明发展的重要驱动力。对语言的定义与理解直接影响了人们对其功能、特点、研究范围、研究目标以及研究方法的理解和掌握。可见,对"语言是什么"这一问题的深入探讨对语言研究学界来说至关重要。

缪勒(Muller)曾指出,动物与人类之间最大的差异与障碍在于语言,人类具备说话的能力,而动物则未能发展出语言表达的能力。这一观点强调了语言在区分人与动物方面的核心作用。[1]

施莱赫尔(Schleicher)强调,语言是一种遵循特定规律自然形成的天然有机体,并非受人类意志所控制。他进一步指出,语言会随着时间的推移而经历衰老或消亡的过程。[2]

惠特尼(Whitney)强调,语言作为人类独有的文化要素,具有不可或缺的作用。它不仅是人类获得知识的能力,更是人类进行交际的直接动因。这一特性使语言在所有表达手段中独树一帜,其决定性作用在于交际。[3]

刘易斯(Lewis)则从另一个角度阐述并指出,语言不仅是一种沟通方式,更是人们生活中不可或缺的重要行为方式。[4]

本福尼斯特(Benveniste)深入剖析了语言的系统性质。他指出,语言作为一个系统,其意义与功能是由结构所赋予的。正是由于语言按照编码规则有系统地组织起来,交际才能无限制地进行。[5]

尽管不同的学者对语言的界定存在差异,但有一点是毋庸置疑的:语言作为人类所特有的属性,是人与动物区分开来的根本标志。

---

[1] Muller, Friendrich Max. Lectures on the Science of Language[A]. The Origin of Language[C]. Roy Harris. Bristol: Thoemmes Press, 1861: 14.
[2] Schleicher, A. Die Darwinische Theorie und die Sprachwissenschaft[M]. London: Hotten, 1863: 20-21.
[3] Whitney, W. D. Nature and Origin of Language[A]. The Origin of Language[C]. Bristol: Thoemmes Press, 1875: 291.
[4] Lewis, M. M. Infant Speech:a Study of the Beginnings of Lanuage[M]. London: Kegan Paul, 1936: 5.
[5] Benveniste, Emile. Problems in General Linguistics[M]. Coral Gables: Ubiversity of Miami Press, 1966: 21.

语言是文化的载体,是透视文化的一面镜子,是了解文化的一把密钥。语言中承载着大量的文化信息,语言中有历史、地理、宗教、习俗,而这一切是构成文化的重要内容。因此,了解外国文化的一个首要途径是学习该国的语言。孔子言:"性相近,习相远。"因此,要了解一个人,需要了解他的文化。了解文化是了解一个人、一个地区、一个国家最有效的途径。

(二)语言的本质特征

语言作为一种社会现象,不仅具有独特的性质和特点,更是人类社会不可或缺的一部分。

1. 语言是人类最重要的交际工具

语言的产生和发展源于社会交际的需要。在人类社会中,语言起着至关重要的作用。无论是表达思想、传递信息,还是建立关系、沟通情感,语言都是必不可少的工具。它的出现使人类能够更好地交流和合作,推动了社会的进步和发展。

语言是社会全体成员使用的工具,每个人都可以通过语言来表达自己的思想、情感和需求。语言是人类思维和认知的重要载体,它反映了人类社会的文化、历史和价值观。不同语言的形成和发展也反映了不同民族的文化特点和地域特色。

为了更好地发挥语言的作用,人们需要不断学习和掌握各种语言技能。在教育领域,语言教育占据着非常重要的地位。通过系统的语言教育,人们可以培养自身良好的语言素养,提高自身的语言表达和沟通能力。同时,语言教育也需要不断改革和创新,以适应社会发展的需要。

2. 语言是一个音义结合的符号系统

语言是由音和义结合而成的。语音和语义在语言中扮演着相辅相成的角色,它们彼此依赖,共同构成了语言的完整性和功能性。语音是语言的物质外壳,它赋予语言以声音的形式,使语言能够被人们口头表达和传播。语义是语言符号的意义内容,它使语言具有了传达信息和表达思想的能力。

在语言学的研究中,语音和语义一直是被关注的重点。语音学是研究语音的学科,主要研究语音的产生、传播和感知等问题。语义学是研究语言符号的意义的学科,主要研究词语、短语和句子的意义以及它们之间的关系。通过对语音和语义的研究,学习者可以更好地理解语言的本质和功能,并进一步推动语言学的发展。

3. 语言是一种思维活动

语言不仅是表达和沟通的手段,更是一种思维活动。语言是思维的载体和表现形式。思维的过程无论是概念的形成、推理的进行还是判断的做出,都需要借助语言来实现。语言为思维提供了符号系统,使思维能够以概念、判断、推理等的形式进行。同时,语言的结构和规则也深刻地影响着思维的方式和过程。不同的语言对时间和空间概念的表达方式不同,这也会影响人们对这些概念的思维方式。

反过来,思维是语言的本质和核心。语言之所以能够产生和发展,其背后的推动力是人类的思维。没有思维的创造力,语言也不会有如此丰富的内涵和表现形式。思维的深入和发展也推动了语言的不断演进和变革。随着科学技术的不断发展,人们对于自然界的认识也在不断深化,导致大量新词汇和新概念的产生,推动了语言的发展和变革。

因此,语言和思维的关系是密不可分的。它们相互依存、相互影响,共同构成了人类智慧的两大基石。

4. 语言是文化的载体

语言是人类社会中不可或缺的文化传承工具,承载着人类历史和文化的精髓。语言不仅是人类沟通的工具,更是义化的重要组成部分,代表着不同的文化背景和思维方式。人们对语言学习和使用的过程实际上就是对文化的理解和传承的过程。

语言是文化的载体,不同的语言有着不同的文化内涵和表达方式。汉语注重含蓄和意蕴,英语则注重逻辑和表达的清晰性。在学习不同语言的过程中,学习者可以了解不同的语言表达方式,深入理解不同文化的特点和思维方式。语言的学习和使用也是对文化传承的实践。通过学习语言,学习者可以更好地了解和传承本民族的文化传统,更好地理解和尊重其他民族的文化。语言是文化交流的重要桥梁,通过语言的学习和使用,学习者可以更好地促进不同文化之间的交流和理解。此外,语言也是人类创造力的源泉。语言的丰富多样性和表达方式的创新性为人类的思维和创造力提供了广阔的空间。语言的不断发展与创新也是人类文明进步的重要推动力。

5. 语言具有特殊的生理基础

语言作为人类特有的功能,需要特殊的生理基础。大脑是语言功能的物质载体,语言器官则是大脑中负责语言处理的区域。基因作为大脑语言器官的载体,对语言的产生和发展起着至关重要的作用。

语言器官是一个高度复杂的系统,包括发音器官、听觉器官和语言中枢等部分。这些器官在人类进化过程中逐渐完善和发展,形成了人类特有的生物禀赋。语言器官的发育和成熟需要经过一系列复杂的生理过程,包括基因表达、蛋白质合成和神经元连接等。

大脑皮层是语言处理的核心区域,它负责语言的感知、理解和生成。大脑皮层上的语言中枢是人类特有的生物禀赋之一,它们通过复杂的神经网络与发音器官和听觉器官等其他语言器官相互连接。这些神经网络的发育和功能发挥受到基因和环境等多种因素的影响。

基因对语言的影响主要表现在对语言器官发育和功能发挥的调控上。一些基因与语言相关疾病的发病风险有关。此外,基因还导致个体在语言能力和智力等方面的差异。这些基因通过不同的机制影响语言发展和功能发挥,从而进一步揭示了语言的生物学基础和个体差异的根源。

6. 语言具有创造性

语言不仅是一种交流工具,更是人类智慧和精神的重要载体。语言的生命在于使用,只有在交流和表达中,语言才能发挥其真正的价值。语言的创造性体现在不断发展和变化的语言活动中,无论是讲话还是写作,都需要使用者的再创造。

语言的创造性不仅体现在词汇和语法的运用上,更体现在语言的表达方式和思想内容的创新上。一位优秀的演讲者或作家不仅能准确地表达自己的思想，还能通过独特的语言表达方式吸引听众或读者的注意力。这种创造性使语言能够不断地推陈出新、与时俱进。

语言的创造性也是推动语言发展的内在动力。随着社会的发展和人类文明的进步，语言也在不断地演变和发展。从古至今，语言经历了多次变革和创新才形成了今天的语言体系。这种变革和创新正是语言具有创造性的体现。此外，语言的创造性还体现在其对人类智慧和精神的影响上。语言不仅是人类智慧的结晶，更是人类精神的寄托。通过运用语言，人们可以表达自己的思想、情感和价值观，也可以传承人类的历史和文化，正是这种影响使语言成为人类文明的重要组成部分。

二、文化

（一）文化的定义

文化是一个深厚的学术概念，可以根据其核心内涵从双重角度加以阐释。

一方面，可以从其动词属性来阐述，该视角下的文化强调一个过程，其核心是对"化"的实践。其中，"文"被视为"化"的基石和手段，意味着通过"文"这一工具，实践者可以引导对象向期望的方向转变，这种理解下，文化不仅是一个名词，更是一个动态的过程，一个使对象发生变化的工具。《周易》是中国最古老的一部卜筮之书，《贲卦》是《周易》中的一卦，最早使用"文化"一词，原文提到："刚柔交错，天文也。文明以止，人文也。观乎天文，以察时变；关乎人文，以化成天下。"[①]《贲卦》的卦辞用"刚柔交错"来描述天文现象，即天地间的阴阳二气交互作用；用"文明以止"来描述人义现象，即人类社会的文明和秩序。由此可见，文化在此文中的解读是"教化和培养人"。随着时间的推进，"文"与"化"两字结合得更加紧密。例如，西汉时期的刘向在其作品《说苑》中阐明："圣人之治天下，先文德而后武力。凡武之兴，为不服也，文化不改，然后加诛。"[②]从古代这些经典文献不难看出，古人认为应该以文化人、以文

---

① 姬昌.周易[M].东篱子,译注.北京：北京时代华文书，2014：91-93.
② 刘向.说苑 下[M].萧祥剑,注译.北京：团结出版社，2021：518-548.

育人,这也反映了当时社会对于治理天下的理想和追求。

在西方的语言体系中,文化用英文表述为culture,此词转译为汉语后,主要涵盖了"文明、文化修养、栽培"等词义。因此,culture一词在英文中不仅包含了教化与文化涵养的概念,还融入了对文化个体的认识。马修·阿诺德(Matthew Arnold)是19世纪英国的重要文化评论家、诗人、教育家,他强调文科教育的价值,认为文学和艺术是培养人们道德和社会责任的关键,这一观点在他的《文化与无政府状态:政治与社会批评》一书中表达得淋漓尽致。阿诺德对于"文化"的定义是历史上最经典的定义之一,他认为文化是"追求人们的整体完美"和"对知识的研究,用于完善人们的自然、消除人们生活中的粗鄙无知"[1],此论述揭示了文化作为动词时的意义。

另一方面,从文化的名词属性进行考量,其核心着重于"文",《辞海》(2020年版)为文化的名词性属性提供了广义与狭义两种解释维度。在宏观的层面上,文化被解读为人类创造物质财富和精神财富的集合,而在微观的维度中,更多地代表人类所产生的精神遗产,并为个体提供行为指引。[2]

在对广义文化的理解上,早在20世纪初,社会学家已经对其进行了深入的探讨,指出文化不仅是一个民族的社会传统遗产,也是该民族物质财富与精神财富的结合。具体而言,它涵盖了一个民族创造的物质文明,如手工艺品、交易商品以及在其历史演变中积累的精神遗产,如固有的行为模式、认知体系、价值观念、艺术创作与宗教信仰。除此之外,文化行为如教育也为文化的构成提供了重要内容。文化可被理解为人类生活的多种表现形式及其创新的物质与精神产物,这种定义旨在从宏观的视角描述文化,强调其包含物质与精神两大方面,而且是在实践中形成的,与社会演进相辅相成。

在对狭义文化的探讨中,学术界主要从以下两个维度进行阐述。

一是从物质对立的精神层面进行表述,强调文化涵盖人类创造的精神产品,包括有形的和无形的两种。美国学者爱德华·伯内特·泰勒(Edward Burnett Tylor)是19世纪的文化人类学家,被誉为"现代文化人类学的创始人",是文化进化论的早期倡导者。他的主要作品是1871

---

[1] 马修·阿诺德.文化与无政府状态:政治与社会批评[M].北京:生活·读书·新知三联书店,2008:36.
[2] 上海辞书出版社.辞海[M].上海:上海辞书出版社,2020:1303.

年出版的《原始文化》(*Primitive Culture*),在这本书中,他介绍了"文化"的定义,这一定义对后来的学者产生了深远的影响,他认为文化或文明是包括知识、信仰、艺术、道德、法律、习俗和任何人作为一名社会成员而获得的能力和习惯在内的复杂整体。①

二是从行为层面阐释文化,文化作为一种独特的表达形式,由多种行为模式构成。正如1952年,艾尔弗雷德·克罗伯(A. L. Kroeber)和克莱德·克拉柯亨(Clyde Kluckhohn)在其《文化:概念和定义的批判性回顾》(*Culture: A Critical Review of Concepts and Definitions*)一书中经过深入分析西方流行的160种文化定义后指出:"文化由外显的和内隐的行为模式构成。"②英国现代人类学家马林诺夫斯基(Malinowski)认为:"文化是包括一套工具及一套风俗——人体的或心灵的习惯。"③同时,我国学者梁漱溟则精辟地指出:"文化即某一民族的生活方式,不过是那一民族生活的样法罢了。"④

文化定义的多元化说明文化确实是一个庞大且不易把握的概念,虽然各有侧重,这些解读和界定都解释了文化的一个或几个层面。

(二)文化的基本划分

由于文化具有多样性和复杂性,因此很难给文化下一个明确清晰的定义,对文化的分类也是众说纷纭、不尽相同。从一个侧面来看,文化也可以理解为满足人类需求的一种特殊方式。所有人都有一定的基本需求,如每个人都需要吃饭和交朋友等。

心理学家亚伯拉罕·马斯洛(Abraham Maslow,1908—1970)认为,人都有五种基本需求。

第一,生理需求,这是人们赖以生存的基本需求,包括食物、水、空气、休息、衣服、住所以及一切维持生命所必需的东西,这些需求是第一位的。

第二,安全需求,首先,人们得活下去,然后才保证安全。安全需求

---

① 泰勒. 原始文化[M]. 蔡江浓,编译. 杭州:浙江人民出版社,1988:1.
② Kroeber A L, Kluckohn C. Culture: A Critical Review of Concepts and Definitions[M]. New York: kraus Reprint Co.,1952:47.
③ 马林诺夫斯基. 文化论[M]. 费孝通,译. 北京:中国民间文艺出版社,1987:1.
④ 梁漱溟. 中国文化的命运[M]. 北京:中信出版社,2016:108.

有两种：身体安全的需求和心理安全的需求。

第三，归属感需求，一旦人们活着并且安全了，就会尝试去满足自身的社交需求，如与他人在一起并被他人接受的需求以及属于一个或多个群体的需求。人们对陪伴的需要和对爱和情感的需要较为普遍。

第四，尊重需求，这是对认可、尊重和声誉的需求。努力实现、完成和掌握人和事务，往往是为了获得他人对自己的尊重和关注。

第五，自我实现的需求，人的最高需要是实现自我，充分发挥自己的潜力，成为自己想成为的人。很少有人能完全满足这种需求，部分原因是人们太忙于满足较低层次的需求。

根据马斯洛的理论，人们主要按上述的顺序满足这些需求。如果把这些需求从低到高比作金字塔的话，人们在攀登金字塔时总是先翻过第一层才能爬上第二层，通过第二层才能到达第三层，以此类推。尽管人类的基本需求是相同的，但世界各地的人们满足这些需求的方式各不相同。每种文化都为其人群提供了许多满足人类特定需求的选择。

文化的分类在一定程度上也契合了人类需求的这五个层次。美国翻译理论家尤金·奈达（Eugene Nida）将文化分为生态文化、物质文化、社会文化、宗教文化和语言文化。① 英国学者彼得·纽马克（Peter Newmark）则把文化分为生态文化、物质文化、社会文化、组织文化和手势与习惯等几类。② 我国学者陈薇将文化分为三类，分别是物质文化、机构文化与精神文化。③ 中外研究者根据不同的标准提出了自己对于文化的分类，既有共时、历时的分类，也有学科视角的分类，这几种分类方式均有可借鉴之处。

还有人将文化形象地比作冰山，认为每种不同的文化就像一个独立的巨大冰山，可以分为两部分：水平面以上的文化和水平面以下的文化。水平面以上的文化仅占整体文化的小部分，约十分之一，但它更可见，有形且易于随时间变化，因此更容易被人们注意到。水平面以下的文化是无形的，并且难以随时间变化。它占了整个文化的大部分，约十分之九，但要吸引人们的注意力并不容易。水平面以上的文化部分主要

---

① 孙晓洁.奈达功能对等理论下《蝉蜕》（节选）日译汉翻译实践报告[D].曲阜师范大学,2024:6.
② 王亚敏,何珊珊.纽马克翻译理论视角下唐诗文化负载词翻译研究[J].锦州医科大学学报（社会科学版）,2023,21（3）:101-105.
③ 陈薇.试述中国文化的走向[J].才智,2009（16）:222.

是实物及人们的显现行为,如食物、衣着、节日、面部表情等诸如此类人们的说话习惯和生活方式,也包含文学作品、音乐、舞蹈等艺术的外在表现形式。水平面以下的文化包含信念、价值观、思维模式、规范与态度等,是构成人的行为的主体。尽管看不到水平面以下的部分,但它完全支撑了水平面以上的部分,并影响了整个人类的各个方面。

三、传播

(一)传播的定义

在亚里士多德的学术传统中,传播被理解为一种直线的、定向的动态。在这一过程中,信息从源头,即信息发送者,经由特定媒介,直接传递至信息接收者,形成单向流动。这种传播观念为后续的传播学理论构建奠定了坚实的基础。

20世纪初,香农和韦弗发展出的单向传播模式,即香农-韦弗传播模型,进一步强化了亚里士多德学派的传播理论。根据该模型(图1-1),语言的核心被视为一套由规则(如语法)支配的符号系统。在这个框架内,个体传递的信息必须保持逻辑的一致性,并只有经受实践的验证,才能赋予意义。否则,这些信息将被视为干扰性的噪声,无法实现有效的传播和理解。

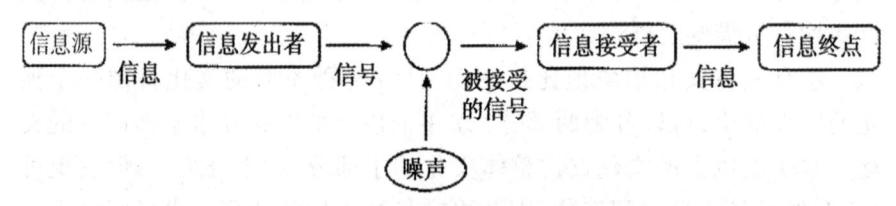

图 1-1 香农-韦弗传播模型[①]

在哲学和语言学领域,相对论和还原论是两种截然不同的观点。还原论倾向于将形式和内容视为两个独立的概念,而相对论则强调形式与内容之间的不可分割性。在传播学领域,相对论的这种观点尤为重要,

---

① [美]艾瑞克·克莱默(Eric Mark Kramer),刘杨. 全球化语境下的跨文化传播[M]. 北京:清华大学出版社,2015:2.

因为它意味着传播行为本身不仅是在传递语义信息,其本身也是一种具有深刻意义的语义存在。

从比较诠释学的视角出发,可以将语言传播视为一个比单纯的编码和解码更为复杂的传播现象。在这一过程中,语言不仅是信息的载体,更是文化、社会和心理层面表达个人身份和关系的工具。因此,语言和传播之间的关系远比人们想象的要复杂得多。

语言学家们普遍认为,语言不仅是交流的工具,更是人们表达自我、构建身份关系的重要手段。人们使用语言不仅是在传递信息,更是在传递文化、历史、阶级、教育等背景信息。这些信息共同构成了人们对话语的理解和解释,也决定了人们如何与他人进行交流和互动。

在诠释学的发展历程中,许多学者都对语言和传播的关系进行了深入探讨。马丁·海德格尔、路德维希·维特根斯坦和约翰·奥斯丁等哲学家都将语言视为人们存在方式的重要组成部分。他们认为语言不仅是表达思想的工具,更是人们理解世界、认识自我的重要途径。

古希腊的伊索克拉底(Isocrates)则进一步强调了语言在塑造个人身份和权力方面的重要作用。他认为,文字是人们思考的载体,因此掌握语言的能力对于一个人的成功至关重要。[1] 伊索克拉底的教育理念在当时引起了广泛的关注,他创立了西方世界第一个学术机构,专门培养年轻人进行有说服力的演讲,从而帮助他们获得权力和地位。

现代社会语言学对语用学的研究也进一步印证了伊索克拉底的观点。语用学关注语言在特定社会和文化背景下的使用方式,以及这些使用方式如何影响人们的交流和互动。不同的口音、方言、语法和词汇使用方式,都可以反映一个人的社会地位和身份认同。因此,在社交场合中,人们往往会根据对方的语言使用方式来判断其身份和地位,并据此调整自己的交流策略。

社会语言学家本维尼斯特(Benveniste)总结了三种语用风格,即上层语用风格、标准语用风格和下层语用风格。[2] 这些风格不仅反映了不同社会阶层和文化背景的人们在语言使用上的差异,也揭示了语言在社会权力结构中的作用。上层语用风格通常被视为最体面的讲话方式,使用者往往受过良好的教育并占据社会文化体制中的优越地位。下层语

---

[1] 曾卉丹. 伊索克拉底教育思想及实践研究[D]. 湖南师范大学,2014:6.
[2] 刘艳茹. 本维尼斯特与语言学的话语转向[J]. 当代外语研究,2010(12):32-35+60.

用风格则通常被排除在标准话语风格之外,使用者往往缺乏教育并在社会文化体系中处于较低地位。

使用上层语用风格的人在表达上独具匠心,擅长在不同的表达方式中切换自如,以准确传达自己的思想和情感。他们拥有丰富的词汇量和灵活的语法运用能力,能根据不同的场合和情境,选择最合适的语言形式进行表达。这种能力使他们在与人交流时能够游刃有余,展现出自信和魅力。然而,使用下层语用风格的人们由于缺乏丰富的词汇和灵活的语法运用能力,常常感到自己在表达上力不从心,会因为无法找到合适的词汇或表达方式而感到沮丧,甚至因此而产生自卑感。在应对一些需要较高语言表达能力的场合时,他们会显得紧张和不自信,难以充分展示自己的思想和情感。此外,相对于使用标准语用风格和上层语用风格的人们而言,使用下层语用风格的人们也不太具备区分不同语言含义的能力。他们可能无法理解一些复杂或深奥的词汇和表达方式,也难以准确把握对方话语中的深层含义和隐含信息。这可能导致他们在交流中出现误解和沟通障碍,从而进一步影响他们的人际关系和社交能力。

那么,如果将文化视为一种传播现象,那么"传播"又是什么呢?传播是否仅限于文字形式呢?显然,答案是不尽然的。传播可以通过多种方式进行,包括但不限于文字、语言、图像、声音等。它可以在个体之间、群体之间,甚至跨越文化和国界进行。传播的核心在于信息的传递和共享,而不仅是形式的呈现。

传播是否仅发生在两个或多个人意见达成一致的时候呢?实际上,传播并不完全依赖于共识的达成。即使两个人对于同一个标志、符号或信号的含义存在分歧,只要他们都在尝试理解并传递某种信息,那么传播就已经在发生了。这种分歧和误解实际上也是传播的一部分,它们有助于推动人们进一步交流和探讨,以达成更深入的共识和理解。

此外,传播是否只有在一个人意图表达的含义为另外一个人所理解的时候才会出现呢?答案同样是否定的。传播是一个更为广泛和复杂的过程,它不仅局限于直接的、明确的意图传递。有时,即使一个人并没有明确表达出自己的意图,但是通过他们的行为、表情、语气等细微之处,也能传递出重要的信息。这些信息可以被其他人察觉并理解,构成一种间接的、隐性的传播方式。

在中国传统文化中,人们常常听到"有所为,有所不为"的教诲。在传播学这一领域里,也同样需要明确自己的"为"和"不为"。人们的言谈举止、表达方式都会对他人产生一定的影响,这种影响可能是正面的,也可能是负面的。因此,人们需要谨慎选择自己的传播方式和内容,确保自身所希望传递的含义能够被他人准确理解。

1. 非语言传播

(1)外貌

人的外貌虽然看似只是一种视觉上的呈现,但实际上也是一种特殊的言外行为,能够传递出丰富的非语言信息。

外貌作为人类与生俱来的外在特征,往往被赋予了许多不同的象征意义。在多数文化体系中,外貌的吸引力往往被视为一种优势,能够为个体带来诸多好处。研究表明,那些被主流审美认同的漂亮的人在社会交际方面通常表现出更高的能力。他们不仅更容易获得他人的好感,而且在与他人互动时也更能展现出自信和魅力。这种差异背后的原因其实与人们在婴幼儿时期就已经开始形成的个性特点密切相关。当人们面对漂亮的宝宝时,往往会不自觉地流露出更多的喜爱和关注,而这种积极的态度无疑会对宝宝的成长产生积极的影响。相比之下,那些长相平平甚至丑陋的宝宝,可能无法得到同样的关注和喜爱,从而导致他们在成长过程中缺乏自信,难以形成健康的社交习惯。

事实上,外貌对于个体个性的塑造并非一蹴而就的。那些容貌出众的孩子从小时候开始便因为自己的外貌而获得周围人的称赞和喜爱。这些正面的反馈让他们逐渐形成了自信、乐观的个性特点,并且更愿意与他人建立亲密关系。随着时间的推移,他们逐渐掌握了各种社交技巧,成为社交场合中的佼佼者。然而,对于那些长相平平甚至丑陋的人来说,他们可能无法享受到同样的待遇。由于外貌上的不足,他们可能无法获得他人的关注和喜爱,从而失去了许多锻炼社交能力的机会。在这种情况下,他们可能更加内向、自卑,难以与他人建立深厚的友谊和信任关系。此外,外貌对于个体的自我认同也具有重要的影响。个体通过外貌来认识自己,并在社会交往中不断调整自己的形象和角色。外貌的吸引力往往与个体的自尊和自信心密切相关,而自信则是社交能力的重要基石。因此,外貌在塑造个体社交能力方面发挥着不可忽视的作用。

综上所述,个性、社会和自我认同的形成至少部分是由社会决定的。外貌作为一种特殊的言外行为,在人们的社交交往中起着重要的作用。

虽然外貌的吸引力并非完全取决于遗传或自然因素,但它确实在很大程度上受到社会文化环境的影响。因此,人们应该更加关注外貌在社交中的作用,努力营造一个更加包容、平等的社会环境,让每个人都能够充分发挥自己的潜力,实现自我价值。

(2)副语言学

副语言学(paralinguistics)是语言学领域中的一个重要分支,它与传统的语言学研究有着显著的区别。传统语言学主要关注词汇、语法等语言结构的分析,而副语言学则更侧重于研究话语的音量、音调、节奏、表达方式、重音等语音层面的特征。这些特征在人们的日常交流中起着至关重要的作用,它们往往能传达出比字面含义更为丰富和复杂的情绪和态度。

副语言现象在人们的日常生活中无处不在,它们以各种形式出现,构成了人与人交流的重要组成部分。当一个人在与他人交流时,他的语气、音调的变化往往能够表达出人们内心的情感状态。一个人说话的音量大小、节奏快慢,甚至重音的位置,都可能透露出其喜怒哀乐、紧张或放松等不同的情绪状态。因此,副语言不仅是语言的辅助工具,更是人们情感表达的重要手段。

要想真正掌握语言的副语言特征并非易事。这些特征往往依赖于特定的文化背景和语言习惯,而这些知识和经验很难通过课堂教学来完全传授。因此,要想真正熟悉并熟练运用语言的副语言,往往需要人们在实际生活中不断积累经验和锻炼自己的能力。只有当人们真正融入一个语言环境中,并与当地人进行频繁的交流和互动时,人们才能逐渐掌握并熟练运用这些副语言规则。

此外,副语言的使用也可能导致人际传播中的困惑和误解。有时,人们可能会通过戏谑、嘲讽、幽默等方式来表达自己的意见和态度,而这些表达方式的理解往往依赖于对不同语境下语言使用规则以及副语言中不同重音使用方式的深入了解。这些知识的获取往往需要人们在实际生活中不断观察和体验,而不仅仅是通过课堂学习来掌握。

(3)姿势

姿势以独特的方式揭示着空间的存在和人际关系的微妙变化。当两个人相遇时,他们如何相互致意,以及在交谈过程中如何通过姿势来强调自己的观点,这些都是文化差异下不同表达方式的体现。美国心理学家保罗·艾克曼等人通过深入研究,对人类的手部活动和面部表情进行了细致的分类,并提出了五种用以沟通的非语言行为。①

①象征动作性。这些动作对于特定的社会群体而言,具有明确的含义。象征动作常被用来以一种慎重的方式传达出某个信息。在军事领域,"竖起大拇指"这一标志对于飞行员而言意味着一切正常,无须担心。然而,这一手势在不同的文化和背景中也可能拥有其他不同的意义,甚至可能被误解为傲慢或挑衅。

②调适性动作。这种非语言传播行为主要用于缓解身体上的紧张感。神经抽搐或绞手等动作往往是人们在感到紧张或焦虑时的自然反应,这些动作可以帮助人们舒缓情绪、调整状态,以便更好地进行交流和沟通。

③调整性动作。它主要用于调整、协调和控制人与人之间的讲话次序和说话速度。在艾克曼等人研究中,调整性动作被认为是最具文化特性的非语言传播行为之一。这是因为不同的文化对于讲话次序、语速和节奏等方面有着不同的期望和规范。在一些文化中,眼神交流被视为礼貌和尊重的表现,而在另外一些文化中,过度的眼神接触则可能被视为侵犯个人隐私或具有攻击性。

④情感表露性动作。这类行为主要展示人们的感受和情绪。无论是痛苦的表情还是爽朗的笑声,都是情感表露性行为。这些行为往往能够跨越语言和文化的障碍,让人们直接感受到对方的情感状态。

⑤说明性动作。这类行为通常伴随着讲演或发言出现,用于以非语言的方式解释说话者的真正意图。然而,由于说明性动作往往根植于特定文化中,因此在跨文化传播中容易引起误解。在某些文化中,点头可能表示同意或理解,而在其他文化中则可能表示否定或疑惑。

(4)意义丰富的沉默

沉默蕴含着丰富的内涵。在多数情况下,沉默并非意味着空洞或缺乏内容,相反,它可能蕴含着更为深刻的含义,但这一层含义常常为人们所忽视,而只将其简单地理解为困惑或缺乏表达能力。实际上,沉默背后往往是更为复杂的情感和思考。

在人们生活的世界中,沉默常常被看作一种需要克服的障碍。尤其是在现代西方文化中,沉默往往被视为含糊不明或歧义的来源,人们更倾向于通过言语来表达自己的想法和情感。但在非西方文化中,沉默却

---

① 慕滢.参透表情的奥秘 保罗·艾克曼[J].科学家,2015(6):44-46.

具有截然不同的意义。在这些文化中,沉默被视为一种尊重,一种给予对方思考空间的表达方式。这种差异或许可以解释为什么现代西方文化如此注重传播和信息学的研究。

跨文化传播学理论在现代西方文化中占据重要地位,其中,不确定性往往被视为焦虑的源头。这种理论反映了现代西方文化对于含糊不清或歧义的敏感和排斥。在这种背景下,滔滔不绝的言语往往被视为思维缜密、措施得体的表现,沉默则被视为缺乏表达能力或深度思考的体现。这种看法并不全面。正如俗话说"静水流深",沉默的人往往并非缺乏思考,而是更倾向于通过倾听来收集信息、整理思路。他们的传播活动并非局限于语言,而是通过倾听、观察和理解来实现。在这一过程中,沉默成为一种独特的沟通方式,它使交流双方能够更深入地理解彼此的观点和意图。

在非西方文化中,沉默的运用更为广泛。在一些美国土著居民的交谈中,沉默被当作一种尊重对方的方式。当谈话出现话轮转换时,他们会选择沉默不语,为对方留下充裕的思考时间。这种沉默不仅体现了对谈话对象的尊重,也展示了一种深沉的智慧和耐心。

沉默在认知心理学中也有着重要的价值,它有助于人们整理思路、集中注意力,从而更好地理解和分析问题。因此,沉默并不总是等同于缺乏表达能力或深度思考,相反,它可能是一种更为高效、深刻的沟通方式。

霍尔的研究为人们提供了关于沉默与信息传播之间关系的深入见解。[1] 他提出了"高语境"和"低语境"的概念(图 1-2),用以描述不同文化背景下的信息传播方式。在高语境传播中,信息的大部分含义都源于它生成的语境,因此传播者倾向于用极少的有声语言表达更多的含义。这种传播方式被认为比低语境传播更富有效率,因为它能够利用共享的认知和经验来减少冗余信息,使交流更加直接和有效。

---

[1] 王宵静.回归情境:重访爱德华·霍尔的"高/低语境"说[J].新闻知识,2021(12):16-21.

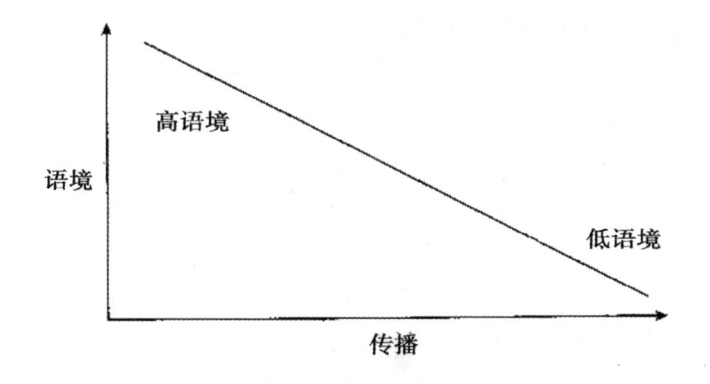

图1-2 高语境传播与低语境传播

但实际情况有时与人们所想象的有所不同。高语境传播者和低语境传播者之间的风格差异并不仅仅源于文化背景、语言习惯或沟通方式的不同,更深入地来说,它更多地源于人们对于含糊不明或歧义的包容度。这种包容能力实际上是一种在特定传播语境中,即使面对信息残缺不全的情况,也能自如地与他人进行沟通交流的能力。

含糊不清或歧义的低包容度实际上反映了一种观念:人们普遍认为这种含义含糊、带有歧义的情况是不受欢迎的,甚至具有潜在的威胁性。这种观念在很大程度上影响了人们在沟通中的行为模式和思维方式。

进一步的研究表明,当人们在遇到不确定的情况时,往往会变得忧心忡忡、焦虑不已。这种焦虑情绪不仅影响了人们的心理状态,还进一步影响了他们的沟通方式和信息处理方式。对于那些对含糊不明或歧义缺乏包容的人来说,他们往往更倾向于把自己的第一印象作为判断陌生人的基础。这种先入为主的判断方式往往导致他们在沟通中过于草率地下结论,而忽略了进一步了解对方的机会。同时,这类人还倾向寻找更多的信息以强化他们之前所信奉的观点,而不是尝试地去理解对方的不同看法。相反,那些显示出很好的包容性的人们则倾向于在沟通中更加谨慎地下结论,他们更愿意推迟做出判断的时间,以便收集更多的信息,更全面地了解对方的意图和观点。这种做法实际上是一种对含糊不明或歧义的高度包容,有助于减少误解和冲突,促进更有效的沟通。

从更宏观的角度来看,人们生活在一个充满多样性和变化的世界里。不同的社会环境、文化背景和地理位置为人们提供了丰富的沟通场景和体验。在这样的环境下,人们的传播活动需要尽可能地避免含糊不清的含义,降低不确定性,提高准确性。这种对信息的详尽阐述实际上是一种限制不确定性、减少含糊不清的努力。

因此,低语境传播与需要阐述的符码(elaborated code)的使用高度相关。在低语境传播中,人们更倾向于使用详细、明确的表达方式来传递信息,以确保对方能够准确理解自己的意图。这种详尽的阐述方式有助于减少误解和歧义,提高沟通的有效性。与此相对,高语境传播中所使用的符码则不需要太多解释。在高语境传播中,人们往往能够依靠共同的文化背景、语言习惯和沟通方式来理解对方的信息。即使信息本身存在一些含糊不清或歧义的地方,他们也能够通过语境和背景知识来推断出对方的真实意图。这种高度依赖语境的传播方式虽然在一定程度上增加了沟通的难度,但也赋予了沟通更多的灵活性和深度。

2. 语言传播

相比于非语言传播,语言传播因其固有的规则性,使人们更容易对其进行自我监控。当人们专注于口头表达的内容时,往往会忽视那些无声却同样重要的非语言信息。人们更注重自己说了什么,而往往忽略了人们是如何说的。语言传播遵循着一定的语言规则和副语言规则,这些规则构成了人们日常交流的基础。当一个人生气时,他的音调会升高,音量会增大,这些都是副语言现象,它们在一定程度上反映了说话者的情绪状态。

副语言现象是人们表达情感的基本形式,它常常在不知不觉中传递出人们的情绪和态度。语言传播更倾向于实现诸如说服、辩论等更具技巧性和谋略性的沟通目标。语言传播和副语言现象相辅相成,共同构成了人们丰富多彩的交流方式。如果没有这些语言及副语言使用的规则,人与人之间的交流将变得混乱无序,甚至失去意义。人类社会之所以能够维系和发展,离不开社会成员所共享的社会脚本或行为方式。这些行为方式包括言语方式、期待、价值观和信仰等,它们共同构成了人们与他人交往的基石。

语言作为一种特殊的符号系统,不仅是丰富的信息,还是人们思考、看待世界以及体验世界的一种方式。通过语言,人们可以对某一事物或现象进行深入思考,这种思考过程会影响人们对该事物或现象的理解。同时,语言也塑造了人们的思考方式和世界观,使人们能够以一个群体的身份共同理解世界。但是,语言在赋予人们思考能力的同时,也在一定程度上限制了人们的思考。正如一些神秘主义者所认为的那样,语言所形成的期待和偏见可能会损害人们对事物或现象的洞察力。语言文字作为语言的一种正式形式,成为塑造现实的教义所在。它赋予人们思考的能力,但同时也可能使人们陷入某种固定的思维模式,导致其难以看清现实的真相。

为了更好地理解语言与现实之间的关系,可以借助一个与汽车有关的比喻来说明。汽车作为一种交通工具,使驾驶成为可能。没有汽车,驾驶这一行为就无法实现。然而,汽车的结构和特性也决定了它只能用于路面交通,而不能用于飞翔。同样地,语言作为一个体系,为人们提供了表达和交流的能力,但同时也塑造和限制了人们的表达方式。语言的结构和规则决定了人们能够说什么、如何说,同时使人们的表达能够被其他人理解。在语言的使用过程中,人们不仅需要遵循一定的语言规则,还需要注意非语言信息的影响。它们同样能够传递出人们的情感和态度。因此,在交流中,人们不仅要关注自己说了什么,还要关注自己是如何说的,以及自己的非语言信息是如何影响对方的。

不同的语言和文化背景也会对人们的思考方式和世界观产生影响。不同的语言具有不同的语法规则和语义结构,因此在跨文化交流中,人们需要尊重和理解不同语言和文化之间的差异,以更好地实现有效沟通。

3. 协同进化式传播

在自然界中,协同进化符号学无处不在,从微观的细胞层面到宏观的生态系统,各种生物之间都存在着复杂而精密的沟通与合作。这种协同进化不仅体现在生物之间,也贯穿于人类社会的各个方面。

协同进化意味着一个物种的特征变化会引发另一个物种的特征相应变化,以适应或响应这种变化。这种现象在生物界中广泛存在,不仅限于人类与植物、植物与植物、植物与动物、动物与动物之间,也发生在动物与人类、人与人之间。

除了生物学领域,协同进化符号学同样适用于人类社会和文化层面。人与人之间、不同文化之间的对话与交流本质上也是一种协同进化的过程。通过沟通,人们可以了解彼此的观点、需求和期望,进而调整自己的行为以适应对方。在这个过程中,信息从一个个体或文化传递到另外一个个体或文化,实现了信息的共享和交换。

（二）传播的系统要素

传播作为一个复杂而精细的过程，涵盖了多个核心要素，它们相互交织、相互影响，共同塑造了传播活动的动态性和结构性特征。

1. 信息

信息在人们的生活中起着至关重要的作用。在特定的时间、状态下，信息向特定的人传递与特定事实、主题以及事件相关的知识，使人们能够更好地了解世界、做出决策、解决问题。信息具有一系列鲜明的特点，具体如下。

（1）信息与现实中的事实息息相关。无论是自然现象、历史事件还是科技进步，它们都以信息的形式被人们所感知和了解。这些信息来源于书籍、报纸、网络等各种载体，通过这些载体，人们可以获取到各种各样的知识。同时，信息的真实性也是至关重要的，因为虚假的信息会误导人们的判断，甚至产生严重的后果。

（2）信息处于流动过程中，被相关的信息接收者分享。在现代社会，信息的传播速度越来越快，人们可以通过各种渠道获取和分享信息。社交媒体、即时通信工具、新闻网站等平台的出现使信息的传播变得更加便捷和高效。人们可以通过转发、评论、点赞等方式，将信息迅速传播给更多的人，从而形成一个庞大的信息网络。

（3）信息与环境存在密切的关系。信息是在特定环境下发出的，环境包括社会环境、自然环境、身体状况或心理情况等。这些因素会对信息的意义和被理解产生影响。同一则新闻在不同的社会背景下可能产生不同的解读；在不同的自然环境中，人们可能关注不同的信息内容；个人的身体状况和心理状态也会影响人们对信息的接受和理解。

2. 编码与译码

传播过程并不是简单的信息传递，而是经过精心编码与译码的复杂过程。在这一过程中，信息被赋予了特定的意义，使信息的传递与接收成为可能。简言之，传播就是通过信息编码和译码来赋予意义的一种过程。

编码（encoding）是将思想、感情、意向等主观意识通过媒介技术手段转化为可以被他人理解的传播符码的过程。这一环节需要借助文字、图像、声音等多种媒介，将信息转化为可视、可听或可感知的形式，以便在特定的传播渠道中进行传递。在新闻报道中，记者通过文字、图片和视频等媒介手段，将新闻事件进行编码，从而形成具有客观性和可读性的新闻报道，以供读者获取和理解信息。

译码（decoding）是对从外界接收到的传播符码进行破译、赋予意义或进行评价的过程。这一过程需要接收者具备一定的背景知识和经验，以便能够正确理解并解读传播符码所传达的信息。在译码的过程中，接收者会根据自身的认知结构、情感态度和价值观等因素，对信息进行筛选、加工和评价，从而形成对信息的独特理解和反应。

值得注意的是，编码与译码往往是约定俗成的，流通于特定的群体与文化中。在不同的文化背景下，人们所使用的传播符码和解读方式可能存在差异。因此，在跨文化传播中，由于文化背景、语言习惯、价值观念等方面的差异，信息的编码与译码过程可能会遇到一定的障碍。为了克服这些障碍，传播者需要充分了解目标受众的文化背景和接受习惯，采用恰当的传播策略，以确保信息的有效传递和接收。

3. 媒介

媒介可以被形象地称为"渠道"或"信道"。实际上，媒介是传播方式、传播手段或传播工具的具体化表现，它承载着信息的传递与交流，是人与人之间、人与世界之间沟通的桥梁。

在传播过程中，信息的传递并非空中楼阁，而是需要借助实实在在的媒介来实现的。这些媒介可以是物质的，如书籍、报纸、广播、电视等；也可以是虚拟的，如互联网、社交媒体等。无论哪种形式，媒介都在信息的传递中发挥着至关重要的作用。

在跨文化人际传播中，媒介的角色尤为重要。不同于一般的传播环境，跨文化传播涉及不同文化、不同国家之间的差异和碰撞。在这种情境下，传播媒介往往表现为人本身。人们通过自身的语言、表情、动作等方式，与他人进行情感的交流、思想的碰撞，从而确立彼此之间的关系，理解并适应不同的文化环境。

随着科学技术的迅猛发展,人类传播信息的媒介也呈现出多样化的趋势。从最初的口头传播、书信传递,到后来的报纸、广播、电视等媒介的涌现,再到如今互联网、社交媒体等新媒体的普及,人类传播信息的效率和范围都得到了极大的提升。一种信息往往可以通过多种媒介进行传递,使信息的传播更加快速、广泛和深入。

跨文化传播研究更加关注不同文化、国家之间传播媒介的差异及文化特色。不同文化背景下的媒介使用方式和偏好往往存在显著的差异。在某些文化中,书面文字被视为权威和正式的传播方式,而在其他文化中,口头传统和故事讲述则更为流行。此外,不同国家对于同一媒介的运用方式和态度也可能存在差异。这些差异不仅反映了不同文化之间的独特性,也为人们理解不同文化背景下的传播现象提供了重要的线索。

4. 反馈

传播中的反馈是信息在传播过程中产生的结果返回到信息发出者的过程。这一过程对于评估传播效果、优化传播策略以及提升传播效率具有至关重要的作用。反馈作为对传播效果进行检验的重要尺度,能够反映信息接收者对信息的理解和接受程度,为传播者提供宝贵的参考信息,以便对当前的传播行为进行修正和改进。

控制论原理对反馈进行了深入的分析和阐述。它指出,反馈实际上是一个循环的过程,即将给定信息作用于被控对象所产生的结果再次输回,并对信息的再次输出产生一定的影响。在传播过程中,这种反馈机制能够有效地调节和优化信息传播,使传播系统更加高效、稳定。

反馈可以进一步细分为正反馈和负反馈。正反馈是指新的数据库在肯定的意义上转化和简化了最初的数据,推动整个系统向增长的方向发展。这种反馈通常能够增强传播者的信心,促使他们更加积极地投入到传播活动中。负反馈则是指新的数据库推翻了原有的数据,促使系统进行调整以适应新的环境。负反馈对于维持系统的平衡与稳定具有至关重要的作用,它能够帮助传播者及时发现并纠正传播过程中的问题,从而避免系统出现严重的偏差或失衡。

在面对面的人际传播中,反馈机制的作用尤为显著。当信息接收者对发来的信息表示不理解时,他们可以立即将这一结果返回给发送者。

发送者在接收到这一反馈后,可以对传播中的缺陷进行即时修正,提高人际传播的效率。这种即时的反馈机制有助于减少误解和沟通障碍,促进双方之间的有效交流。

但是在跨文化传播中,由于彼此之间的文化差异较大,反馈机制的作用可能会受到一定的限制。在这种情况下,多方面、多渠道的即时反馈显得尤为重要。通过多方面的反馈,传播者可以更加全面地了解不同文化背景下受众的需求和期望,从而调整传播策略以更好地适应不同的文化环境。同时,多渠道的反馈也能够为传播者提供更多的信息来源和参考依据,从而帮助他们更加准确地评估传播效果并做出相应的改进。

需要注意的是,在异文化环境中,人们可能会因为对周围环境的不熟悉而感到无所适从,这可能导致负反馈功能无法正常发挥。因此,在跨文化传播中,传播者需要更加注重对受众的文化背景、价值观和行为习惯的了解和研究,以便更好地理解和应对可能出现的反馈问题。

第二节　跨文化传播理论阐释

一、文化与传播的关系

文化承载着人们的精神世界、价值观与生活方式,它是人们进行互动的大环境,渗透在人们生活的每个角落。在诸多对人类传播产生深远影响的系统中,文化本身无疑是最为关键的一环。因此,文化与传播之间有着千丝万缕的密切联系,深入探讨这一关系对于人们理解人类社会的运作与发展具有重要意义。

(一)传播使文化得以延续

文化作为人类精神文明的结晶,其形成、发展和变迁都离不开传播这一重要过程。传播不仅是文化形成和保存的必由之路,更是文化不断发展、焕发新活力的源泉。在文化的传播过程中,经验、知识、技术、思想等核心要素得以不断积累、丰富和创新,推动着文化的繁荣与进步。

早在人类早期社会,区域文化之间的联系就已初见端倪。相邻部落之间的文化交流与传播使各自的文化特色得以相互借鉴、融合,从而形成了丰富多彩的文化景观。随着历史的演进,这种文化联系与传播逐渐扩展到更广泛的范围,成为推动人类文化发展的强大动力。

文化社会学理论为人们揭示了文化传播的深远影响,早在20世纪初期这一理论就指出文化最初可能只在某一地方产生,但正是通过不断地传播,才使这些文化现象在其他地方逐渐发展起来。这种传播不仅使文化得以传承,更使文化在不同地区间产生了交融与创新。

格雷布内尔等学者提出的"文化圈"概念为人们理解文化传播提供了独特的视角,他们认为人类各种不同的文化现象可以归结为单一的、一次性的现象,并通过"形式标准"和"数量标准"来划分不同的文化圈。[1] 这种划分方式揭示了文化传播在形成文化共性方面的关键作用,同时也强调了文化传播在推动文化多样性发展方面的积极作用。

在路威的《文明与野蛮》一书中,人们可以看到文化传播对欧洲文明发展的深远影响。[2] 路威指出,欧洲文明并非孤立发展的产物,而是受到埃及、希腊、印度和中国等古老文化的影响。这些文化通过传播与交流,为欧洲文明带来了丰富的思想、技术和艺术成果,推动了欧洲文明的繁荣与进步。

此外,人们还可以通过统计数据和实证研究来进一步证实文化传播对文化发展的重要性。通过对不同地区文化现象的对比分析,可以发现许多相似的文化元素和模式在不同地区间广泛存在。这充分说明了文化传播在推动文化共性形成方面的作用。同时也可以看到,在不同文化的交融与创新过程中,新的文化现象和风格不断涌现,为文化的多样性发展注入了新的活力。

---

[1] 马萌,边明江. 论东亚"汉字文化圈"与"汉字圈"概念的异同[J]. 汉字文化, 2024(8):148-150.

[2] 拉里 A. 萨默瓦,理查德 E. 波特. 文化模式与传播方式[M]. 麻争旗,等,译. 北京:北京广播学院出版社,2003:5.

（二）文化是传播的语境

没有文化的传播和没有传播的文化是无法想象的,二者紧密相连,构成了人类社会发展的基石。这一观点深刻揭示了文化传播在人类生活中的重要地位以及文化与传播之间的密切互动关系。

传播是基于人类生存与发展的需求而产生的,它贯穿于人们的日常生活中,是人类的一种主要生存方式。从最早的口头传播到现代的数字化传播,人类始终在不断地探索和创新传播方式,以满足日益增长的信息需求。传播不仅帮助人们获取了新知识、了解了新事物,还促进了人类之间的交流与合作,推动了社会的进步与发展。

文化具有明显的动态性,它从一产生就具有向外扩展与传播的冲动。文化的传播是文化生存与发展的必然需求,也是文化保持活力和创新的重要途径。通过传播,文化得以跨越地域、民族和国家的界限,实现跨文化的交流与融合。

爱德华·霍尔将文化视作传播,他认为人类的任何传播都离不开文化的影响。人们之所以会选择特定的传播行为,很大程度上是由人们生长的文化环境所塑造的。[1]文化既是人们行为的指南,又是人们思想的源泉。从衣着打扮到饮食起居,从宗教信仰到价值观念,文化一直在影响着人们的生活。此外,霍尔还强调了文化与人的传播行为之间的重要关系。他指出,文化在人与外部世界之间设置了一道具有高度选择性的"屏障",为人们提供了观察和理解外部世界的结构和框架,使文化能够以多种形态决定人们该注意哪些方面,不注意哪些方面,同时也影响了人们的选择和决策。

（三）传播促进文化变迁与文化整合

文化的变迁是一个全球范围内持续不断的动态过程,它反映了人类社会的不断发展与演变。无论是东方还是西方,无论是古代还是现代,文化都在经历着产生、发展、变化、衰退和再生的循环。这不仅体现了时代的变迁,更体现了人类思想的进步与拓展。

---

[1] 拉里 A.萨默瓦,理查德 E.波特.文化模式与传播方式[M].麻争旗,等,译.北京:北京广播学院出版社,2003:5.

传播作为文化变迁的最根本原因,其影响力不容忽视。通过各种途径和形式,传播不仅让各种文化相互接触和碰撞,更为文化的融合与创新提供了可能。以20世纪初的中国为例,当时发生的"五四"运动和新文化运动是中国近现代社会的一次大规模的文化变迁。这一变迁的根源在于西方民主和科学思想在中国的广泛传播。这些思想的传入不仅冲击了传统的封建文化,更激发了中国人对自由、平等和科学的追求,推动了中国的现代化进程。

除了传播的影响外,文化整合也是文化变迁的重要方面。文化整合是指不同文化之间的兼容与重组,通过彼此的吸收、认同和融合,逐渐形成一个新的文化体系。这一过程既包含了各种文化的优点和精华,也体现了人类文明的多样性和包容性。在历史的长河中,不同文化的整合过程往往伴随着激烈的冲突和融合,但最终都会形成一个更加完善、包容的文化体系。

文化整合与文化变迁相互关联,共同推动着人类文明的进步。一方面,文化变迁为文化整合提供了动力和条件,使不同文化之间的交流和融合成为可能;另一方面,文化整合又进一步促进了文化的变迁和发展,使文化更加丰富多彩,更加具有生命力。

二、跨文化传播

跨文化传播的研究历史源远流长,最早可追溯到爱德华·霍尔所撰写的《无声的语言》一书。在这部著作中,霍尔首次明确提出"跨文化传播"这一概念,因此他被尊称为跨文化传播研究之父。[①] 跨文化传播一词源自英文 intercultural communication 或 Cross-cultural Communication,翻译成中文即为跨文化交流。简言之,跨文化传播是指来自不同文化背景的个人、群体以及国家之间的文化传播过程。

由于世界文化的多样性以及不同地域文化背景下人群的差异,跨文化传播也面临着种种挑战和困难。不同民族之间的文化障碍、文化对立等因素可能会对跨文化传播的效果产生负面影响。因此,在进行跨文化传播时,人们需要充分了解不同文化的特点和差异,尊重并包容多元文化,以实现更为有效的互动与交流。此外,跨文化传播还涉及交际双方

[①] 何道宽.《无声的语言》评介——文化的层次分析和系统分析[J].四川外语学院学报,1990(1):99-104.

的语言使用问题。尽管在全球化背景下,越来越多的人能够使用一种共同的语言进行交流,但语言背后的文化内涵和表达方式仍然存在差异。因此,在进行跨文化传播时,人们需要关注语言的文化内涵和表达方式,避免因语言差异而引起误解和冲突。

第三节　英汉翻译问题解读

一、翻译空缺问题

在翻译领域,追求绝对准确和绝对对等无疑是一项极具挑战性的任务。由于不同语言之间的差异性,尤其是英汉两种语言,它们分属于不同的语系,其词汇和语义的不对应现象极为普遍。这种不对应性不仅体现在普通词汇上,在涉及文化、历史、地理等极具地方特色的事物时也显得尤为突出,往往使翻译过程中的准确表达变得尤为困难,从而导致空缺现象的产生。

(一)词汇空缺

语言作为人类交流的工具,承载着丰富的文化内涵和历史积淀。不同民族的语言尽管存在共性,但更因地域、历史、文化等因素的影响而呈现出各自的特性。这种特性在词汇上的体现尤为显著,往往导致不同语言在表达同一概念时存在词汇的不对应现象。

语言并不是一成不变的,而是随着时代的变迁而不断发展变化的。在历史的长河中,科技的进步、社会的变革都在不断推动语言的演变。例如,在科技领域,随着人造卫星的发射成功,新的词语如 sputnik 应运而生,这一词语的出现反映了科技发展的步伐,并在全球范围内迅速传播,以填补各国语言中的词汇空缺。

中国作为一个拥有悠久历史和灿烂文化的国家,其语言体系深受传统文化的影响。在封建社会中,中国形成了一套严密而独特的宗法体系,这种体系强调长幼有序、血缘关系的远近亲疏以及家庭结构的严密性。这种文化背景使汉语在表达亲属关系时显得尤为细致和精确。相比之下,西方国家的宗法关系并不如中国那样严密,家庭结构也更为松散。这种文化差异在语言中得到了体现,如古汉语中的"兄弟"一词,实际上包含了"兄"和"弟"两个概念,分别对应现代汉语中的哥哥和弟弟。然而,在英语中并没有对"兄"和"弟"进行明确的区分,而是统一用 brother 一词来表示。

除了宗法关系外,不同民族的文化传统、价值观念等也会在语言中留下深刻的烙印。在中国文化中,尊老爱幼、孝顺长辈被视为传统美德,这些观念在汉语中得到了充分体现。在西方文化中,个人主义、独立自主等价值观更为突出,这些差异也在语言中得到了体现。

面对不同语言间的词汇空缺现象,译者需要充分了解这些现象背后的文化因素,提高重视程度。在翻译过程中,译者需要灵活运用各种翻译策略和方法,尽可能地弥补词汇空缺带来的文化冲突。译者可以采用意译、增译、减译等手法,使译文更加贴近目标语读者的文化背景和思维方式。同时,随着全球化的加速和跨文化交流的增加,语言间的相互借鉴和融合也在不断加强。这使一些原本只在特定语言中存在的词汇逐渐进入其他语言,丰富了语言的表达形式。但这种融合也带来了新的问题和挑战,需要译者在翻译过程中不断适应和调整。

(二)语义空缺

虽然不同语言中的词语看起来字面含义相同,但实际上由于各自的文化背景、历史渊源和社会习俗的差异,这些词语往往蕴含着各自独特的文化内涵。这种差异不仅体现在日常用语中,在表达抽象概念或情感时也尤为突出。

在英汉两种语言中,色彩词就是一个很好的例子。虽然二者都有表示颜色的词汇,但它们的内涵却大相径庭。以 black and blue 为例,在英语中,该词组通常用来形容身体受到严重伤害后出现的青紫痕迹,即"青一块,紫一块",而在汉语中,译者却很难找到一个与之完全对应的表达。同样地,a black sheep 在英语中用来形容一个群体中的害群之马,而在汉语中,通常不会用"黑羊"来指代这样的人。

除了色彩词外,许多看似相似的词汇在英汉两种语言中也存在语义空缺的现象。比如,flower 和"花"这两个词,虽然基本语义相同,但在具体用法上却存在显著差异。在英语中,flower 不仅可以作为名词表示花朵,还可以作为动词表示开花、用花装饰、旺盛等含义。在汉语中,"花"作为动词时,则常用来表示"花钱""花费"等概念。这种差异反映了两种语言在表达同一概念时由于文化背景和语言习惯的不同而产生差异。

这种语义空缺现象还体现在许多其他方面。比如,在表达情感时,不同语言中的词汇往往具有各自独特的文化内涵。在英语中,love 这个词通常用来表达深厚的情感,而在汉语中,"爱"这个词则可能包含更多的情感层次和含义。此外,不同语言中的成语、俗语等表达方式也往往蕴含着各自独特的文化内涵,导致译者在翻译过程中很难找到一个完全对应的表达。

为了更好地理解和应对这种语义空缺现象,译者需要加强对不同语言和文化背景的了解和研究。通过深入了解不同语言中的词汇、表达方式和文化内涵,可以更好地理解和欣赏不同文化之间的差异和多样性。

二、文化误译问题

在翻译的过程中,文化误译现象是一个不容忽视的问题。由于文化背景的差异,译者在处理源语文化时往往很难做到准确无误。特别是在英语习语、谚语的翻译中,由于这些表达往往蕴含着丰富的文化内涵和背景知识,导致文化误译现象更是屡见不鲜。例如:

It was a Friday morning, the landlady was cleaning the stairs.

误译:那是一个周五的早晨,女地主正在扫楼梯。

正译:那是一个周五的早晨,女房东正在扫楼梯。

在英美国家,房屋出租作为一种常见的商业模式,吸引了大量的房东和租户。其中,很多房东选择将自己的屋子分间出租,并提供一系列的附加服务,如打扫卫生等,以吸引更多的租户。在这样的情境中,人们经常会听到 landlord 和 landlady 这两个词语。前者指的是男性房东,而后者则特指女性房东。对于不熟悉这种文化的人来说,很容易将 landlady 误译为"女地主",但这样的翻译并不准确。在英美国家,地主通常是指拥有大片土地或房地产的人,而 landlady 则特指那些将房屋分间出租并提供相关服务的女性房东。这种文化背后反映了英美国家房地产市场的一种特殊现象。随着城市化进程的加速和人口流动的增加，越来越多的人选择租房作为自己的居住方式。因此，房东们为了满足市场需求，开始提供更为全面和细致的服务，包括卫生打扫等。landlady 作为其中的一员，她们不仅负责出租房屋，还要负责保持房屋的整洁和卫生，为租户提供一个舒适、温馨的居住环境。此外，这种文化也体现了英美社会对于性别角色的认知。在英美社会，男女平等观念深入人心，女性同样也可以拥有自己的事业和财产。因此，landlady 一词的出现也反映了女性在房地产领域所扮演的重要角色。

三、文化等值问题

美国著名翻译学者奈达提出的等值论在翻译领域产生了深远影响。他明确指出，翻译对等并不是简单地一一对应，而是包含了形式对等（formal equivalence）和功能对等（functional equivalence）这两种不同的维度。[①] 这两种对等理念为翻译工作者提供了全新的视角和思考框架，使翻译活动更加科学、准确。

零等值、部分等值和假性等值是翻译中常见的三种等值关系。在翻译过程中，译者需要充分考虑不同语言之间的文化差异和内涵差异，采用适当的翻译策略和方法，以确保翻译结果的准确性和完整性。

零等值指的是一种语言所蕴含的文化内涵在另一种语言中难以找到直接对应项的现象。这种现象的产生主要源于以下两个方面的因素。

一方面，历史内涵的独特性是造成零等值的主要原因之一。每个民族都有着其独特的发展历史，这些历史中蕴含着丰富的文化元素，这些元素在语言中得到了体现。因此，一些富含历史文化内涵的词语在另一种语言中往往难以找到完全对应的表达。在翻译时，若简单采用直译法，可能会使文化内涵的损失无法弥补。例如，基辛格为遇刺身亡的埃及总统萨达特所写的一篇悼念文的标题 *Peace Will Be His Pyramid*，若直接译为"和平将是他的一座金字塔"，则无法准确地传达出作者的真实寓意，而译为"和平将成为人们记住他的丰碑"则更为贴切，能够更好地体现出作者对萨达特的敬仰与怀念之情。

另一方面，习俗内涵的特殊性也是造成零等值现象的重要因素。每个民族在长期的历史发展过程中都形成了自己独特的生活规则和习

---

① 郭小梅.翻译等值理论：回顾与展望[J].文化创新比较研究，2023,7（30）：185-188.

俗,这些习俗在语言中得到了生动的体现。然而,这些独特的表达方式在另一种语言中往往难以找到直接对应的词语。例如,汉语中常用"色狼"来表示那些行为不轨、喜好侵犯他人的人,而在英语中,相应的表达则为goat;同样地,汉语中的"水性杨花"则用来形容那些举止轻浮、不守妇道的女性,而英语中则用 butterfly 来表示。在翻译这些具有特定文化背景的词语时,若直接采用直译,可能会导致文化内涵的缺失或误解。

部分等值指一种语言所表达的文化内涵在另外一种语言中只存在部分对应的现象。这种等值关系在翻译中较为常见,因为不同语言之间的文化差异使完全对应的情况较为罕见。例如,汉语中的"孤儿"一词在英语中对应的词汇为 orphan,虽然二者在字面上有相似之处,但在文化内涵上却存在差异。汉语中的"孤儿"通常指失去父母或父母无法抚养的未成年儿童,而英语中的 orphan 则更侧重于强调孩子失去父母这一事实,而不一定强调其未成年或需要抚养的状态。

假性等值则是另一种值得关注的翻译现象。在英汉语言中,有很多词汇虽然字面上看似相同或相似,但实际上在文化内涵上却大相径庭。这种假性等值现象往往会导致翻译中的误解或歧义。例如,short drink 这一短语表面上似乎表示"少量的饮料",但实际上在英语中它通常用来指代烈性酒。这种字面意义与实际意义的差异在翻译时需要特别注意,以避免造成不必要的误解。

四、文化欠额问题

纽马克(1981)在其著作中提出了一个关键的概念,即文化欠额翻译(under-loaded cultural translation)。[①] 文化欠额翻译是指在翻译过程中源语文化环境中的内涵信息未能得到完整或充分的传输,导致译文所呈现的文化信息量少于原文的文化信息量。这种现象不仅会影响译文的质量,还可能误导读者对原文文化背景的认知和理解。

在翻译实践中,文化欠额翻译的问题时常出现,尤其体现在译者过于注重形式上的等值,即追求字面意义上的对应时。这种对形式的过分关注往往导致译者对文化内涵的忽视,进而造成文化信息的损失。例

---

① 周方珠. 论超额翻译与欠额翻译[J]. 合肥联合大学学报,1998(3):61-65.

如，在翻译莎士比亚的名句"Shall I compare thee to a summer's day？"时，很多译者会直接将其译为"能把你比作夏日吗？"但这样的翻译并未能充分传达原文中蕴含的丰富文化内涵。要想理解这一翻译问题，译者需要对英汉文化中夏日的含义进行深入的比较。英国位于较高的纬度地区，其夏日并不会像中国那样酷热难耐。相反，英国的夏日通常温和宜人，充满了生机与活力。因此，对于英国人来说，夏日是一个非常令人喜爱和向往的季节。但是，在中国的语境下，夏日往往与酷热、炎热等感受联系在一起，因此直接将原句译为"能把你比作夏日吗？"可能会让中国读者产生误解，认为原文中的夏日带有负面含义。为了避免这种文化信息的损失，译者应该采用更为灵活的翻译策略，尽可能保留原文的文化内涵，如可以将原句译为"我可以把你比作充满生机的夏日吗？"这样的翻译不仅保留了原文中的比喻意义，还通过添加形容词"充满生机"来强调夏日的积极面，从而更好地传递出原文的文化内涵。

第二章　跨文化传播与英汉翻译

中西方文化尽管在某种程度上具有一定的相似性,如都承载着各自的文明成果,都拥有各自独特的艺术表现形式,都承载着人类共同的智慧与追求,但二者之间的差异却更为明显,这种差异不仅体现在语言、习俗、信仰等方面,更体现在思维方式、价值观念等深层次的文化内核上。正是这些差异的存在,为跨文化传播以及翻译实践带来了很大的影响。在翻译过程中,如何准确地传达原文的意思,同时保留其文化内涵,成了翻译工作者面临的重要问题。为了顺利进行翻译,译者需要遵循科学的原则,有效采用各种翻译策略。本章就对这些层面展开分析和探究。

第一节　文化因素对英汉翻译的影响

一、中西方文化因素的差异

随着中国逐渐融入全球化的大潮,与西方发达国家之间的经济往来愈发频繁,文化的交流与碰撞也日益显著。中国传统文化以儒释道为主流,注重人伦道德、修养内心,注重和谐、稳定,强调集体意识和服从大局;西方文化则以基督教为根基,强调个人主义、理性思维,注重个人自由、竞争和创新。这种文化差异在双方的交往中产生了不少摩擦和误解。今天,中西方文化面临着不同的考验。中国文化需要保持其独特的魅力,吸收西方文化的优秀元素,不断创新发展;西方文化也要尊重并理解中国文化的特点和价值观,以实现更加和谐的交流。

(一)中西方思维模式差异

思维模式是人们认识和理解事物的基本方式,包括思维形式、思维倾向以及思维方法等。这种深层的文化要素不仅影响着人们的日常行为,也塑造了一个民族独特的心理特征。不同的民族在不同的文化氛围下成长,从而形成了各自独特的思维模式。这些思维模式就如同每个民族的独特指纹,反映了各自民族独特的文化、历史和生活环境。

1.螺旋形和线形

(1)中国人的螺旋形思维

中国人往往采用螺旋形思维来观察事物,这种思维方式并不是偶然形成的,而是深深植根于中国的传统文化和哲学思想之中。在观察事物时,中国人注重通过自身的思考来获得思想结论,这在一定程度上是对形式论证的轻视。当然,也不是说中国人不注重逻辑和论证,而是说在中国人的思维模式中,整体性更为重要。

整体性观念在中国文化中有着深厚的历史渊源,无论是古代的阴阳五行还是现代的系统思维,都体现了中国人对事物整体性的理解和把握。所谓整体性,即将事物视为一个有机整体,经过概括性研究和探索来揭示其内在规律,这种思维模式如同曲线的形状或圆形,循环上升,间接而深入。

螺旋形思维在中国人的语言中有明显体现,中国人在思考或进行语言表达时,喜欢重复使用某些词语或句式,这种重复并不是冗余,而是一种修辞手法,目的是强化语言的表达力。

(2)西方人的线形思维

西方思维模式具有强烈的个体性导向,倾向于将复杂的事物拆分成单独的要素逐一进行逻辑分析,注重形式论证,这使西方人的思维模式呈现出线形的特征。

西方人的线形思维在语言中表现得尤为明显。西方人坚持"天人相分",即将事物视为相互独立且区分开来的个体,并且这些事物的状态是不断变化的。因此,在长期使用线形连接和排列的抽象化文字符号的过程中,西方人的思维路径逐渐发展成直线形。这种直线形的论述方式使读者能够清晰地把握作者的思路，从而更好地理解文章的主旨。西方人的直线形思维模式在他们的决策过程中有明显体现。在面对问题时，西方人习惯于将问题拆分成若干个子问题，然后分步骤、有逻辑地逐一解决，以便更加高效和准确。

2. 内倾型和外倾型

（1）中国人的内倾型思维

中国文化深深根植于黄河流域的沃土，这种文化以自给自足为基调，形成了一种独特的内倾型特质，使中国人自古以来就高度重视以人为本的理念。中国人普遍认为，只有人才具有真正的意识和主动性，能够主动地将主观情感与现实世界中的客体相结合，从而创造出富有情感和思想的语言表达。

中国人的内倾型思维实际上可以追溯到中国古代道家哲学的核心思想——"天人合一"和"万物与我为一"，这种哲学观念强调人与自然界的和谐统一，认为人与万物之间存在着一种神秘的联系。这种联系不仅体现在物质层面，更体现在精神层面。因此，在中国文化中，人们习惯将自身与自然环境、社会现象等外部世界紧密地联系在一起，通过语言表达来传递内心的思想和情感。

在汉语中，中国人的内倾型思维模式有明显的体现。汉语句子的执行主体往往是人或者是有生命的词语，动作往往以人或者有生命的词语为中心。在描述某一个事件时，中国人习惯将人的动作和状态作为句子核心，而将时间、地点等其他元素作为辅助信息，使汉语表达更加生动、形象，富有思想和情感。此外，在表达时间、地理位置、组织系统、人物等方面，汉语的排列顺序为从大到小，这种方式不仅符合中国人的思维习惯，也使汉语表达更加符合逻辑和语义的连贯性。

（2）西方人的外倾型思维

西方文化作为一种源远流长的文化体系，始终在寻求自我完善与发展，但由于其对内在需求的无法满足，西方文化不得不持续向外拓展，不断征服外界环境以汲取养分。这种向外寻求帮助的倾向正是西方文化典型的外倾型特质的体现。

西方人的外倾型思维可以追溯到西方哲学中的"天人相分"与"主客相分"观念，强调人与自然的分离，认为人应当运用科学方法来认识自然、改造自然。这种物本文化注重客观事物和现象对人的作用，认为人应当通过不断了解自然规律来更好地适应和改造环境。

在语言表达方面，西方人的外倾型思维有突出的表现。用英语说明事物时，西方人往往习惯从小到大、从个体到整体来表述，使他们更加注重细节，善于从微观层面揭示事物的本质。同时，英语中多使用"非人称"主语，被动语态和主动语态并重，体现了西方文化对外在事物的关注与探究。

3. 集体主义和个人主义

（1）中国人的集体主义

自古以来，中国人深受天地万物之间互动关系的影响，从日月交替、四季更迭等自然现象中汲取智慧，形成了独特的"万物一体"和"天人合一"的哲学观念。在这种哲学思想的影响下，中国人群体意识强烈，重视集体价值，认为集体利益高于个人利益。在日常生活中，这种观念表现为人们对家庭、社区和国家的深厚情感与责任感，当个人利益与集体利益发生冲突时，中国人通常会选择服从集体利益，以维护整个社会的和谐与稳定。

虽然在当代，随着经济不断发展，个人主义的思想在中国也逐渐兴起，但中国人依然保持着强烈的集体归属感，这种归属感不仅是他们内心深处的精神支柱，也是他们面对挑战和困难时的重要力量来源。在中国文化中，谦逊、随遇而安和知足常乐被视为美德，人们赞赏那些不张扬、不炫耀、默默奉献的人，而争强好胜、好出风头的人则往往受到批评。这种价值观的形成与中国的社会结构和历史背景密切相关。中国传统文化强调的是和谐与平衡，而不是竞争与对抗。此外，双数在中国文化中被视为吉利数字，人们认为双数代表着好事成双、双喜临门，寓意着吉祥如意和美满幸福，因此在结婚、乔迁等重要场合，人们往往选择双数日期来办事，以求吉利和好运。在汉语中，与双数相关的词语也大多是褒义的，如"好事成双""六六大顺""十全十美"等，体现了人们对双数的喜爱和推崇。

（2）西方人的个人主义

在西方哲学史上，一种主导性的观念便是"主客二分"，即将主体与客体、人与自然、思维与存在对立起来。这种哲学观念深深地烙印在西方人的思维方式和行为模式之中,塑造了他们的世界观和价值观。随着时间的推移,"主客二分"的观念逐渐渗透到西方社会的各个层面。在宗教领域,人们坚信神是超越于自然界的存在,而人类则是神的创造物,具有独特的灵魂和意志。这种信仰使西方人更加强调个人的独立性和自主性,追求自我实现和个性发展。

4. 保守与创新

(1) 中国人的保守思维

中国封建社会的一体化政治结构不仅决定了国家层面的统一,更在文化层面上塑造了中国传统文化的独特面貌。这种一体化政治结构使"大一统"思想成了中国文化的核心,强调个人与社会的信仰必须一致,所有社会成员,无论身份地位如何都应遵循相同的价值取向和行为模式。

"大一统"思想在中国传统文化中得到了广泛的体现。儒家的"三纲五常"和"礼乐教化"思想强调家庭、社会、国家的和谐统一以及人与人之间的尊重与秩序,进一步巩固了"大一统"思想的地位。儒家倡导中庸之道,反对走极端,鼓励人们在言行举止上追求适度,避免冒尖和与众不同,这种思想在一定程度上塑造了中国人保守的思维模式,使他们更加注重稳定和传统,而不是变革和创新。

在中国封建社会中,这种"大一统"文化的熏陶使中国人的思维方式显得相当保守,他们极端排斥异己,对于不同的观点和做法往往持有怀疑和排斥的态度。这种封闭性在一定程度上限制了人们的思想自由和创新精神的发展,然而正是在这种保守的思维模式下,中国人形成了一种注重稳定、尊重传统的价值观,从而促进中华文化得以延续并保存至今。

(2) 西方人的创新思维

西方智者们的研究范围宽广无垠,他们的探索目光既聚焦于细微如尘埃的石子,又放眼于浩渺无垠的宇宙,为了探求真理,他们不惜举行规模宏大的辩论,倾听并接纳各种不同的声音,以此寻求共识,并在此基础上不断创新。这种勇于探索、开放包容的精神正是西方哲学得以繁荣昌盛的源泉。

西方人的创新思维非常强大,他们敢于挑战传统观念,勇于打破陈规陋习,以崭新的视角审视世界,这种强烈的创新精神使西方哲学在各个历史时期都能涌现出不同的理论体系,形成了丰富多彩、千姿百态的哲学流派,共同推动着西方哲学的不断前进。

西方思维方式的特点在于其多元化和开放性,习惯从多个方向、多个层次去探寻问题的解决方案,不满足单一的解释和答案。这种发散性、开放性的思维方式使西方人在面对复杂问题时能够迅速找到突破口,提出富有创意的解决方案。

5. 和谐与竞争

(1)中国人的和谐思维

中国传统哲学以"天人合一"作为其最高境界,这一观念深深地印在每一个中国人的心中。合作与协调的思维进一步体现在中国人对和睦、和谐的推崇与追求上。例如,"远亲不如近邻"这一说法就充分展现了中国人对邻里关系的重视,他们更愿意与邻居保持良好的关系,相互帮助,和睦相处。"家和万事兴"强调了家庭和谐的重要性,认为只有家庭和睦,才能带来万事兴旺。

儒家的中庸思想也进一步强化了这种和谐思维。中庸思想主张在社会方方面面保持和谐一致,追求平衡与和谐。它强调个人在社会中应保持中正的态度,避免偏激和极端,以实现社会的和谐稳定。这种思想与中国古代的农业社会背景紧密相关,在农业生产中,人们需要顺应天时地利,遵循自然规律,以达到最佳的生产效果,同样在社会生活中,人们也需要遵循中庸之道,保持和谐的人际关系,以实现社会的稳定和发展。此外,道家主张"无为而治",强调顺应自然,不强行干预,以达到社会的和谐。佛家则强调因果报应,认为人们的行为将会影响未来的命运,因此应注重修身养性,以达到内心的和谐。这些思想都在不同程度上影响了中国人对和谐思维的理解和追求。

(2)西方人的竞争思维

西方人勇于面对和接受各种挑战,愿意将自己置于与他人平等的竞争地位,以此来激发自身的潜力和战斗力;注重行动,追求速度、结果和效率,认为这才是实现个人理想和获取财富的关键。西方人深受达尔文进化论思想的影响,坚信"物竞天择"的生存法则,认为只有通过竞争才能筛选出最优秀、最适应环境的个体。这种信条深深印刻在他们的思维方式和生活方式中,使他们在面对挑战时更加坚定和果敢。

6. 整体性与分析性

（1）中国人的整体性思维

在宇宙生成的最初阶段，天地混沌未分，阴阳混为一体，这种状态被形象地称为"太极"。太极的动与静分别催生出了阳与阴，二者在交替变化中不断地塑造和影响着宇宙万物。阴与阳既相互对立又相互转化，如同白昼与黑夜的更迭、季节的轮回，都在彰显着阴阳的无穷魅力。这种对立与统一的关系正是中国传统哲学中整体性思维的生动体现。

中国的传统哲学并不满足对事物的简单分类，而是深入探索事物之间的相互关系，寻求整体上的和谐与平衡。在春秋战国时期，儒家和道家两大文化派别的思想便是对这种整体性思维模式的精彩演绎，尽管二者在观察和处理问题的角度上有所差异，但都坚持认为人与自然、个体与社会是一个不可分割的整体，必须相互协调，共同发展。

儒家所倡导的中庸思想正是源于阴阳互依互根的整体思维，主张在事物的发展中寻求平衡，既不过度，也不偏颇，以达到和谐共处的目的。就像大自然中的万物，虽然各自有着独特的生长规律和特性，但都在大宇宙的整体框架内相互依存、相互制约，共同维系着生态系统的平衡。

中国人习惯从宏观的角度去把握和理解事物，这使他们在处理问题时更加注重整体的和谐与平衡，倾向于避免过于绝对和极端的判断，而更愿意采取一种折中、含糊的表达方式，以体现事物本身的复杂性和多面性。这种思维方式使中国人在处理问题时更加注重事物之间的相互关系以及这些关系对整体的影响。

（2）西方人的分析性思维

西方人对事物的分析不仅涉及原因和结果的分析，还需要考虑事物之间的相互联系和相互影响。自17世纪以后，西方人在分析事物时注重因果关系，这种思维方式为西方科学的发展奠定了坚实的基础，但是仅依赖因果关系进行分析并不足以全面理解事物的本质和复杂性，因此西方人在分析事物时还需要考虑其他因素，如事物的结构、功能、演变过程等。

分析性思维具有两个鲜明的特征，强调将整体的事物分解为各个不同的要素，使这些要素相互独立、相互分开，从而更深入地了解每个要素的本质属性和功能，以便更好地理解整体事物的结构和功能。分析性思维以完整而不是孤立、变化而不是静止、相对而不是绝对的辩证观点去分析复杂的世界,这不仅考虑了事物的内部结构和功能,还考虑了它们与外部环境的相互作用和影响。马克思主义哲学大力提倡这种思维层次,认为事物是不断变化和发展的,人们需要用变化和发展的眼光去看待它们,同时事物之间也存在着相互联系和相互作用的关系,因此人们需要用辩证的观点去分析它们。只有这样,人们才能更全面地了解事物的本质和复杂性,从而更好地应对现实生活中的各种挑战和问题。

7. 直觉性与逻辑性

(1)中国人的直觉性思维

中国传统思维深受儒家、道家和佛家思想的影响,注重直觉在认识事物中的作用。这种思维方式强调体验、灵感和领悟,使中国人在面对复杂问题时常常能够凭借直觉,从总体上模糊地把握事物的本质。直觉思维不同于严密的逻辑思维,省去了许多中间环节,而是直接而快速地获得一个总体的印象。

但是,直觉思维并不是完美无缺的,通过直觉思维所获得的结论往往准确性差,因为直觉思维虽然能够迅速捕捉事物的整体印象,却难以深入挖掘事物背后的本质和规律。因此,如果能够将直觉思维与逻辑思维相结合,便有可能发挥其创造性,既能够迅速把握事物的整体特征,又能够深入剖析其内在逻辑。

在中国传统文化中,在哲学领域,儒、道、佛三家都主张通过直觉把握宇宙的根本规律。孔子曾提出"内省不疚"的观点,认为通过内心的反省可以领悟宇宙的真理。孟子也认为通过尽心尽性,可以认识天命。道家主张与自然合一,通过直觉体验来领悟自然的整体性和和谐性。佛教禅宗则强调"顿悟",认为通过瞬间的领悟可以洞察真理,达到心灵的解脱。这种直觉思维方式也影响了中国人的日常生活和思维方式。中国人往往习惯通过直觉来把握事物的本质,而不是通过严密的逻辑分析,在面对复杂问题时,中国人常常会说"只能意会,难以言传",意味着他们更擅长于通过直觉来领悟事物的内在逻辑,而难以用语言来准确表达,导致中国人在认识事物时往往只满足于描述现象和总结经验,而缺乏深入探究现象背后的本质和规律的精神。

（2）西方人的逻辑性思维

15世纪下半叶,自然科学领域取得了丰硕的成果,这对形式分析思维模式起到了明显的推动作用。科学家开始运用形式逻辑的方法来分析和解释自然现象,以推动科学研究的深入发展。这种科学方法的兴起为形式逻辑的应用提供了更广阔的舞台。

进入17世纪,英国哲学家培根创立了归纳逻辑,为形式逻辑的内容增添了新的补充和延伸。归纳法强调从个别事实出发,通过归纳推理出一般性结论,与演绎法形成互补关系。这两种方法的结合使形式逻辑更加完善,为人们的思维提供了更全面的工具。

19世纪,英国逻辑学家穆勒进一步发展了培根的归纳逻辑,提出了探求因果联系的五种归纳方法。这些方法使归纳法在实际应用中更具操作性和实用性,进一步丰富了形式逻辑的内涵。至此,归纳法与演绎法珠联璧合,共同构成了形式逻辑的大体轮廓。除了形式逻辑和归纳逻辑,数理逻辑也在这一时期诞生。数理逻辑也称为符号逻辑,是由笛卡尔、莱布尼茨等科学家在处理逻辑问题的过程中对数学方法的大量运用而产生的。

18世纪末至19世纪初,唯心主义的辩证逻辑体系从黑格尔那里悄然产生。黑格尔的辩证逻辑强调了思维与存在的对立统一,为后来的哲学家提供了全新的思考方式。马克思和恩格斯则以唯物主义为基础,对辩证逻辑进行了进一步的修正和发展,使辩证逻辑成为马克思主义哲学的重要组成部分。

这些逻辑工具的发展和应用使西方逻辑思维逐渐走向公理化、形式化和符号化,其不仅为科学研究提供了强大的支持,也为人们的日常思考和决策提供了有力的工具,能够帮助人们更加清晰地认识和理解世界,更加理性地分析和解决问题,从而促进人类文明的进步和发展。

（二）中西方价值观念差异

价值观念是人们对于世间万物所持有的相对稳定、系统化的评价、看法和价值评估体系。它如同一个人的内心地图,指导着人们生活中的决策和行动,但是这个内心地图并不是一成不变的,它受到文化、历史、社会等多种因素的影响,因此在不同的文化背景下,人们的价值观念往往存在着显著的差异。下面将主要探讨中西价值观念在教育观和文学观两个层面上的显著差异。

1. 教育观

（1）中国求善

中国文化被视为一种伦理文化，这不仅是因为在古代文献中，诸如《论语》这样的儒家经典，以伦理道德作为其核心内容，进而延伸至政治、社会等多个层面，更是因为在古人的生活观念中，求真与求善往往相互交织，而求真往往附属于求善。孔子在《论语》中多次强调了伦理道德的重要性，并将"中庸"这一理念视为最高的美德，他提倡人们应该通过"修身、齐家、治国、平天下"来达到个人与社会的和谐统一。

孟子进一步阐述了伦理道德的重要性。他基于"性善"的观点，构建了"仁政"和"良知、良能"的学说。在孟子看来，人的先天认识能力如良知、良能都源于性善，他强调"诚"的核心内容是"善"，而"思诚"的中心则是"明乎善"。这意味着只有真正理解了善，才能去除对良知、良能的遮蔽，从而获取真正的知识和智慧。

宋明理学是儒学的新发展，虽然在一定程度上吸收和融合了道家、佛家等思想，但其基本构架仍然是伦理思想统驭认识论。在宋明理学中，伦理道德被视为人类认识世界、理解世界的基础和前提。然而，这种过于强调伦理道德的文化倾向也在一定程度上影响了中国古代社会的发展。

（2）西方求真

"天人二分"观念深深地影响着西方文化的发展方向，认为人类和自然之间存在着一种分离和对立的关系，人类需要通过认识自然来掌握其规律，从而更好地改变和征服自然。其核心在于对真理的追求，认为只有掌握了真理，人类才能真正地认识自然、改造自然，实现自身的价值。

早在古希腊时期，赫拉克利特、柏拉图和亚里士多德等哲学家们就已经开始强调真理的重要性。他们认为认识的根本目标在于发现真理、认识真理，真理被赋予了至高无上的地位，人们将认识真理视为人的最高追求。虽然这些方法在现代看来可能有些荒谬，但当时它们是人们探索真理的重要手段。同时，人们也意识到要发现真理还需要运用科学的手段。因此，培根等科学家创造了通过实验与理性来发现真理的科学方法。笛卡尔认为，追求真理需要运用正确的方法，认为正确的方法需要经过深入地研究和探索,只有掌握了正确的方法,才能更好地发现真理。

2. 文学观

中西方在文学观上呈现出截然不同的风貌。西方的文学传统源自模仿外物的理念,强调对外在世界的客观再现和描述。在这种思想指导下,西方文学自然而然地展现出了叙事性强的特征,注重通过故事情节的展开来彰显人物的性格和命运。中国文学起源于心物感应论,强调作者与客观世界之间的互动和感应,这种感应过程不仅是简单的模仿,更是作者主观情感与客观世界相互融合的结果。因此,中国文学更加注重抒情的表达,注重通过文字传达出作者内心深处的情感和体验。

(1)中国的空灵意识

自古以来,人类与自然世界的关系便紧密而微妙。一方面,人类渴望探索自然的奥秘,寻求与天的和谐共处;另一方面,人类也试图在文化中寻找与天的平衡,从而创造出独特的文学样式和审美特征。在中国传统文化中,"天人合一"的哲学观念深入人心,人们认为只有顺应天命,与自然相融合,才能达到真正的和谐与平衡。

在中国古代,小农经济体制下的人们生活相对平淡,他们对自然的认识也局限于直观感受,因此他们并没有将自然视为具有独特能力的对手,而是将其视为与自己息息相关的存在。"天道远,人道迩。""未能事人,焉能事鬼?"这些言论都表明了人们对自然的忽视和轻视。但是,在西汉时期,董仲舒提出了"天人合一"的概念,强调人与天的统一。这种文化倾向使中国历代文学家更加关注内在的生命意识,而不是去探求自然、历史等外部世界。在文学作品中,感发意志、吟咏性情成了重要的主题,这种"诗言情、歌咏志"的观念使中国文学在表达情感方面有着独特的魅力。

值得一提的是,中国文学中的"空灵"原本只是美学中的一个概念,代表着审美中的一种风格。但在中国文学中,"空灵"被赋予了更深的内涵。它不仅是对艺术精神、情感意趣的追求,更是对"出世"思想的体现。在中国文学作品中,人们常常能看到作者通过描绘自然景物来抒发内心的情感,如陶渊明的"采菊东篱下,悠然见南山"不仅体现了作者对自然的热爱,更体现了作者对人生的独特感悟。此外,中国文学还常常借助"自然"来消解悲剧情怀和寄托情怀,如象征高洁的松、竹、梅、菊等自然景物常常被用来表达对高尚品质的追求。山水也常常被用来表现对生命情思的呼应和对悲剧意识的消解,如王维的"明月松间照,清泉石上流"。

除了自然景物外,酒和梦也是中国文学中常见的意象,常常被用来表现作者对人生的独特感悟和对理想生活的追求。酒因其能让人意识模糊、表现出醉意的特点而成了文人墨客抒发情感的媒介,而梦则因其虚幻性而成了弥补现实不足的一种方式。

(2)西方的追寻意识

在西方文化中,主体与客体的二元对立是一个显著的特征。这种对立关系体现在人与自然之间的互动中,表现为人对自然的畏惧或征服的欲望。这种关系的形成可以追溯到公元前3000年到公元前2000年的欧洲文明萌发期,即所谓的"爱琴文明"时代。

希腊半岛和爱琴海区域的地理特性以多山和土壤贫瘠为特点,但拥有众多优质的港口。这样的环境促使希腊人民早期便投身于海上贸易,孕育出深厚的海洋文明,对西方社会经济的商业文明发展起到了奠基作用。面对生存和繁荣的需要,希腊人不得不勇猛地应对海洋的挑战,他们借助航海和商业活动来探寻生存与发展的可能。这种文化精神经年累月地传承,逐渐塑造了西方文化中独一无二的"探索精神"。

(三)中西方空间观念差异

空间观念是人类在历史长河中逐渐形成的一种文化现象,它涉及人们在日常生活中对空间距离和领地意识的认知和处理。空间观念的形成受到文化背景、社会习惯、个人经验等多种因素的影响。[①] 中西方人在空间观念方面存在显著的差异,主要体现在空间取向和领地意识两个层面。

1. 空间取向的差异

空间取向即交际过程中交际双方所处的方位、位置等,是文化表达

---

① 闫文培.全球化语境下的中西文化及语言对比[M].北京:科学出版社,2007:97.

的一个重要方面。

以座位排放情况为例,中国人在谈判、开会时,往往选择面对面就座,这种座位安排方式体现了中国人的"对称美学"和"正式庄重"的价值观。在严肃的场合,面对面的座位更能凸显出双方的尊重和正式性。在上下级关系中,上级坐着、下级隔桌站立的现象更是屡见不鲜,这在一定程度上反映了中国传统的等级观念和权力结构。与此相反,西方人的座位排放就显得更为随意和灵活。他们在开会、谈判的时候,往往选择呈直角就座的方式,这种座位安排方式体现了西方人的"平等自由"和"灵活多变"的价值观。如果两个人在同一侧就座,那么就意味着这两个人的关系十分密切,也体现了西方人重视个人关系和社会网络的特点。

在学校教育方面,中西方的教学风格也呈现出明显的差异。中国的教室中,桌椅安排都是固定有序的,一般不会轻易改变。这种严谨的教学风格体现了中国教育的严谨性和规范性,有利于培养学生的纪律性和秩序感。西方学校的教室里,桌椅的安排则不是固定不变的,他们往往会根据教学需要来排放座位。这种灵活多变的教学方式体现了西方教育的开放性和创新性,有利于激发学生的创造力和想象力。

2. 领地意识的差异

中西方人在领地意识方面的表现呈现出显著的差异,这种差异在隐私和领地被侵犯方面尤为突出。

在隐私范围方面,中国人往往受到聚拢型文化理念的影响,倾向在日常生活中与他人分享信息,因此在心理上所具有的隐私范围相对较小。这使中国人在一些场合下对他人的隐私表现出较高的容忍度。例如,在医院,护士可以随意出入病人房间,这在中国人眼中被视为再平常不过的小事,但是在西方人眼中,人们的隐私范围通常较大,他们普遍认为个人的私人空间和隐私应得到充分的尊重和保护,因此当护士随意出入病人房间时,西方人会认为这是严重侵犯他人隐私的行为,并对此表示强烈的不满和抗议。

在隐私被侵犯时的反应方面,中西方人也表现出明显的不同。中国人往往比较注重和谐和包容,当自己的领地或隐私受到侵犯时,他们通常会选择相对温和的方式来应对。例如,当朋友来家里做客时,主人可能不会对朋友随意翻看房间中的物品表示介意,甚至会认为这是增进友谊的一种方式，但是在西方国家，人们更加强调个人权利和尊严，他们通常会以更加直接和严厉的方式来维护自己的隐私和领地。

二、中西方文化因素差异对英汉翻译的影响

英汉语言承载着丰富的文化历史内涵，因此存在着明显的差异，尤其体现在历史、哲学、地域、艺术、生活方式、思维方式、宗教等多个维度上，这些差异不可避免地会影响英汉互译的过程，从而导致翻译面临挑战。

（一）历史层面的影响

随着历史的发展，中西方文化呈现出截然不同的发展轨迹，不仅体现在文化源头上，也表现在价值观、社会制度以及人们的思维方式等方面。西方国家的文化可以追溯到古希腊和古罗马文明，这些文明为西方文化奠定了坚实的基础，并对英语国家的文化、价值观和社会制度产生了深远影响。从价值观和社会制度来看，西方文化强调个人的权利和自由，英语中的 individualism 即个人主义，它鼓励人们追求个人目标、展现个性，认为每个人都有权利追求自己的幸福。这种价值观在英语国家的政治、经济和社会生活中得到了充分体现。

中国文化则深受儒家思想的影响，讲究集体主义、和谐与稳定，而"个人主义"这一概念往往被认为是自私自利的表现，与中国人的集体主义价值观相悖。儒家思想强调人与人之间的关系和谐，认为个人的价值应该体现在对家庭和社会的贡献中，个人的行为应该符合集体利益，而不是追求个人权利和自由。因此，在翻译涉及个人主义概念的文本时，如果采用直译翻译，可能会使读者产生误解，认为这是一种与集体主义价值观相冲突的思想。

为了克服这些文化差异带来的挑战，译者需要具备丰富的跨文化知识和敏锐的洞察力，在理解原文的基础上，根据目标语读者的文化背景和阅读习惯进行适当的调整和转化，这样的翻译作品才能更好地传达原文的含义，实现跨文化交流的目的。

（二）哲学层面的影响

英汉文化在哲学方面的差异不仅体现在对世界的看法上，而且更深入地影响了各自的人生价值观。

西方文化中的哲学思想深受基督教的影响，尤其体现在对世界的看法和人生价值观中，个人救赎和内心体验是人生旅程中的重要部分，在西方文化中得以彰显。例如，英语中的 sin（罪）这个词通常被理解为罪恶，与基督教教义紧密相关，如果一个人犯了罪，他需要通过忏悔和修行来寻求救赎，从而实现内心的平静和净化，显然这种对罪恶和救赎的理解深深地影响了西方人民的道德观念和行为准则。

中国文化中的哲学思想注重天人合一、道德修养和社会和谐。中国传统文化强调人与自然的和谐共生，追求内心的平静和道德的完善，中国的哲学家也倡导通过修身养性来达到个人的提升和社会的和谐。仍旧以"罪"来分析，中国文化中的"罪"更多与道德伦理和社会规范相关，如果一个人犯了罪，会被认为违背了社会道德和伦理，因此需要通过自我反省和修正来恢复与社会的和谐关系。哲学层面的思想文化差异对于翻译工作来说无疑是一大挑战，因此译者需要在理解原文的基础上准确地传达其哲学思想，避免因为文化差异而导致误读和误解。

（三）地域文化层面的影响

在英汉翻译的过程中，了解文化背景知识是十分关键的，因为地域文化差异会对翻译的准确性产生影响。一般来说，地域文化差异主要是由地理、自然等各种因素所造成的。由于不同地方语言表达习惯和方式的不同，导致地域文化的差异也会在翻译上造成较大的歧义。一般来说，在东方，"东风"象征着阳光、和煦，是一种比较温暖的含义，但是在西方国家则表示为不愉快、不高兴、寒冷。这个词语在东西方文化中的寓意是相反的。相同的例子还有很多，如东方人会将"牛"看成勤勉、兢兢业业、吃苦耐劳的象征，因此经常会以老黄牛来表示努力勤恳的人。西方人则会将马视作勤劳的象征，因此经常会有 work like ahorse, as strong as a horse 这样一种表达来赞扬吃苦耐劳的精神。

(四)艺术层面的影响

在艺术领域,英汉文化之间存在的审美观念和表现形式差异是一个不可忽视的现象。这种差异不仅体现了两种文化对美的不同理解,也反映了它们在艺术创造和欣赏方面的独特传统。英语国家的艺术风格往往强调个性、创新和自由表达,倾向于通过艺术作品展示个人的独特视角和情感体验。相比之下,中国艺术则更加注重意境、气韵生动和形式美,追求一种超越物象、融入自然和宇宙的审美境界。

审美差异在翻译中易引发问题。英汉语言和文化背景的不同使翻译者难以在目标语言中完全再现原文的艺术风格和美学价值。例如,英语诗歌中的自然描绘和情感抒发在汉语中可能因缺乏相应背景而被忽视或误解。同样,中国诗歌的象征和隐喻在翻译成英语时也可能因语言差异而难以完全传达。为了更好地理解英汉艺术差异,可从多个方面分析。文化背景上,英语艺术受个人主义、自由主义和浪漫主义影响,强调个体地位;中国艺术则受儒家、道家等传统文化影响,注重天人合一。审美观念上,英语艺术追求新颖、独特和个性化的表达,注重创新和实验;中国艺术则追求意境和气韵生动,超越物象,融入自然和宇宙。这种差异在绘画、雕塑、诗歌等多个艺术领域均有体现。在表现形式上,英语艺术注重形式创新和突破,常运用新材料和技术;而中国艺术则注重传统技法的运用,以展现艺术魅力。

(五)生活方式层面的影响

英语国家崇尚个人自由、独立和竞争,注重效率和快节奏,追求事业成功和个人成就的最大化。中国文化注重家庭、亲情和社会和谐,追求平稳安宁的生活。由于英汉对同一概念的理解差异,翻译时可能误解或忽视原文的生活方式和价值观。例如,英语中的 leisure 强调个人放松,而汉语的"休闲"更注重内心平静。因此,译者需考虑文化差异,确保准确传达原文意图。

（六）思维方式层面的影响

由于中西方的文化差异明显，人们对同一件事的探索方式不一样，他们对于同一件事的认知能力以及思维方式也不尽相同，这在沟通环节中表现得更为明显。为了更好地实现英汉翻译，译者应当把握中西方人的思维方式的差别，不然容易出现翻译错位的情况。以色彩为例子，在我国，"黄色"代表着权威，是权力象征。在古代，黄色是王室贵族的专用颜色，但在西方国家，黄色经常含有贬义的意思，代表着不好的东西。比如，yellow dog 不能直接翻译成"黄色的狗"，应当翻译成"卑鄙的人"。蓝色在我国并没有特殊的意义，但在西方国家是高贵、典雅的象征，与我国黄色有相同的意义。例如，bluelaws 要翻译成"严格的法规"，而不能翻译为"蓝色的法律"。此外，蓝色还有着"忧郁"和"悲观"的意思。例如，feel blue 不能翻译成"感受蓝色"，而应该翻译成"不高兴"。因此，在翻译的过程中，译者需要充分把握东西方的思维差异，从思维差异角度分析文本，能够让文本的表述变得更为流畅。

（七）宗教文化层面的影响

对于英汉翻译来说，宗教文化之间的差异也会影响到翻译的准确性。宗教属于一种文化现象，也是人们思想的重要组成部分，能够展现出一个地方的文化底蕴与文化传统。一般来说，中国人大多信仰的是佛教，而西方国家大多信仰基督教。例如，在遇事祈祷上苍帮助的时候，中国人大都求菩萨保佑、佛祖保佑，而西方则会求上帝保佑，他们认为是上帝创造了一切。在《红楼梦》这一经典名著中，很多外国翻译就将"阿弥陀佛"译成了 God bless my soul。他们认为上帝是救世主，这也展现出文化上的差异，但这会让读者误认为中国也是信仰基督教的，违背了中国人的宗教习惯。因此，在英汉翻译的过程中，宗教信仰的不同也会导致翻译的差别。此外，《红楼梦》中的贾宝玉住在"怡红院"，外国译者就会将"怡红院"翻译成 the House of Green Delights，将"怡红公子"翻译成 green boy。在西方读者的心中，红色是与暴力冲突，犯罪流血事件联系在一起的，因此译者将红色替换成绿色，这违背了作者的本意，没有真正从文化角度理解《红楼梦》，削弱了传统宗教文化的内涵。因此,在开展英汉翻译的过程中,译者应当充分了解文化背景知识,进一步缩小中西方文化之间的差距,真正将历史文化、宗教文化融合起来,从而完善英汉翻译过程。

第二节 跨文化传播视野下英汉翻译的原则

一、约定俗成原则

在跨文化翻译实践中应遵循既定惯例原则,意味着翻译过程中需依据语言发展的自然规律及语用习惯采用普遍认可的既定表达方式。对于人名、地名及习惯用语等已有译文的情形,应优先选用通用译名,避免新增译名给读者带来困扰。

翻译是一项复杂的任务,要求译者对源语言和目标语言有深入的了解。遵循既定惯例原则在翻译工作中具有重要的意义。既定惯例原则有助于译者快速地理解源语言含义,准确传达给目标语读者。既定惯例原则为译者深入理解源语言的语言结构和语用习惯提供了指导,有助于实现翻译的准确性。

在实际应用中既定惯例原则也面临一些挑战:既定惯例可能与源语言含义不符,特别是在翻译特定术语或者与目标语言的语言结构和语用习惯相悖时,如翻译某些特定习惯用语。为解决这一问题,译者可采取以下措施:深入研究既定惯例原则,在适用时做出合理调整;加强对源语言和目标语言的理解与掌握,确保翻译准确性;深入了解源语言和目标语言的语言结构和语用习惯,确保翻译既符合既定惯例,又能准确传达原意。

二、"和而不同"原则

"和而不同"原则下的翻译是一种跨文化的交际行为,旨在通过语言的转化,实现不同文化之间的沟通与理解。具体来说,这一原则包括如下两个层面。

(一)忠实第一,创新第二

在"和而不同"原则的指导下,翻译工作既需要忠实于原文的语义和文化内涵,又需要在一定程度上进行创新,以更好地传达源语文化。因此,"和而不同"的原则既包含忠实,也包含创新,二者在翻译过程中是相辅相成的。

忠实是指在翻译过程中,译者应尽可能保留原文的语义和文化内涵,使译文准确地传达原文的信息。不同的文化有着不同的表达方式和价值观,如果不忠实于原文,译文会失去其原有的意义和价值,因此译者在翻译过程中应理解和掌握原文的语言和文化背景,确保译文的准确性。

创新是指在忠实于原文的基础上译者需要通过自己的理解和创造,使译文更好地适应目标语言的文化和语境。不同的文化有着不同的审美观念和表达方式,不能忽视创新的作用,如果不能创新,译文会失去原有的魅力和吸引力。译者在翻译过程中应勇于探索和尝试,创造既符合原文意义又符合目标语言文化的译文。

在实际翻译过程中实现"和而不同"的原则需要平衡忠实和创新的关系。忠实是创新的基石,创新是忠实的延伸。在翻译过程中译者应注重对原文的深入理解和把握,勇于对译文进行适当的创新,以实现"和而不同"的原则。

(二)内容第一,形式第二

在翻译实践中,"和而不同"原则还强调在保持原作精髓的同时,灵活调整语言形式,以适应目标语读者的理解和接受习惯。为了实现这一目标,必须坚持"内容第一,形式第二"的细则。

内容是源语言本身所蕴含的语义、文化、情感等深层含义,是翻译的核心所在,是传递原作精神和文化内涵的关键。在翻译过程中,译者首先需要关注源语的语义内容,确保准确理解和传达其深层含义。

形式是指源语内容所依赖的语言外壳,包括文本体裁、修辞手段以及语句篇章结构等。形式在一定程度上影响着内容的表达效果,在翻译时需要兼顾。形式并非翻译的唯一标准,不能为了追求形式而忽略内容的准确性。

为了实现这一目标,需要对原作的结构进行调整,增删一些字词,转换语义或对句型进行改换等。这些调整都是为了让目标语读者能够更好地理解和接受原作。以汉语歇后语"裁衣不用剪子——胡扯"的翻译为例,这一歇后语蕴含了丰富的文化内涵和独特的语言形式。在翻译时,可以采用 Cutting out gaments without the use of the scissors—nonsense 的表达方式,既保留了原作的基本含义,又适当调整语言形式,使之更符合目标语读者的阅读习惯。这样的翻译既体现了"和而不同"的原则,又很好地展示了源语的文化特色。

三、空位补偿原则

在跨文化翻译的过程中译者常面临一个难题:如何准确传达源语言中的文化词汇,以避免在目标语言中产生词汇空缺或文化缺省的现象。这一难题在翻译那些充满深厚文化底蕴的词汇时尤为突出。为了应对这一挑战,翻译界一直在寻找有效的翻译策略。美国著名的《圣经》翻译研究学者尤金·奈达(Eugene A. Nida)提出的"零位信息"概念为译者提供了一个全新的视角。

"零位信息"是指在翻译中由于源语言和目标语言之间的文化差异,某些在源语言中具有特定文化内涵的词汇在目标语言中可能无法找到完全对应的表达。这些词汇所携带的文化信息在目标语言中处于"零位"状态,译者在翻译时需要跨越这一障碍,通过空位补偿原则进行翻译,以弥补或避免翻译时的信息亏损。例如,"兵马俑""灯会"和"蚕宝宝"这些具有中国特色的文化词汇在翻译时需要特别注意。"兵马俑"可以译为 terra cotta warriors and horses,这样不仅传达了兵马俑的材质和形态,还通过添加解释性信息让读者更好地理解了这一文化现象的背景和意义。"灯会"可以译为 Lantern festival,"蚕宝宝"可以译为 silkworm,这些翻译都采用了空位补偿原则,通过添加解释性信息或上下文背景来弥补翻译中的信息亏损。

四、文化顺应原则

语言作为人类交流思想的工具,具有无可比拟的多样性和灵活性,其中,顺应性无疑是语言的一大核心特点。顺应性指的是语言能够根据不同的语境需求,让使用者从众多可选的语言项目中做出灵活的选择和变通。这种顺应性不仅体现在语言的结构和语法上,更体现在语言的文化内涵。

语言与文化关系密切,二者相互依存、相互影响。在交际过程中,为了确保信息的有效传递和理解的准确,交际双方必须与文化语境保持高度的顺应性。换句话说,交际的双方不仅需要理解并尊重对方的文化背景,还需要在言语行为中做出相应的调整,以适应对方的文化语境。这种文化顺应不仅有助于交际的顺利进行,更能促进不同文化间的相互理解和融合。

在跨文化交际中,文化顺应是非常重要的,不同文化背景的人在交流时会遇到各种文化冲突和误解。为了避免这些问题,交际双方需要积极地调整自己的文化表达和行为方式,以适应对方的文化语境。这种调整涉及语言的使用、非言语行为的解读、价值观的差异等。在翻译实践中,文化顺应不可或缺。译者在翻译时需要根据目标读者的文化背景、期待视野以及自身的翻译能力等灵活地选择文化融合翻译策略,使源语文本的文化内涵在目标语中得以完整保留,确保目标读者顺利地理解和接受这些文化信息。

第三节　跨文化传播视野下英汉翻译的策略

一、传统型翻译策略

(一)直译策略

直译在翻译中是一种基本且传统的方法,强调直接复制源语言中的文化内涵,保留原文的字面意义。直译的优势在于直接传达源语文本的文化内涵,让读者能够接触到源语言的文化元素,增加对原文文化的了解。例如,将"粽子"直译为 zongzi,可以帮助读者理解其与端午节等文直译可能导致目标语读者对原文的误解或困惑,因为不同文化之间的差异使某些在源语言中具有特定文化内涵的词汇在目标语言中可能并不具有相同的含义。例如,将 cheeseburger 直译为"奶酪汉堡"可能会让中文读者误以为汉堡里只有奶酪这一种配料,实际上 cheeseburger 中包含面包、肉等。直译可能会忽略目标语读者的文化背景和阅读习惯。在翻译过程中,译者需要考虑到这一点,以确保翻译出来的文本能够被目标语读者理解和接受。如果仅采用直译,忽略目标语读者的文化背景和阅读习惯,则会导致翻译出来的文本在目标语读者看来生硬、不自然。例如,在翻译中文的"狗咬吕洞宾,不识好人心"这一成语时,如果直接翻译为"A dog bites Lu Dongbin, doesn't recognize a kind-hearted person."可能会让英语读者感到困惑和不解。如果将其翻译为 to bite the hand that feeds one,则能被英文读者理解和接受。

再看下面一些直译的例子。

drainage oil 地沟油
olive branch 橄榄树
soft environment 软环境
problem furniture 问题家具
to burn ones boats 破釜沉舟
social security cards 社保卡
碳税 carbon tax
中国结 Chinese knot
亚健康 sub health
希望工程 Hope Project
信贷政策 credit policy
文化遗产 cultural heritage

(二)意译策略

当在目标语言中找不到与源语言完全对应的词汇时或者即使采用注释等方法也难以准确传达源语言的文化信息时,可以采用意译。意译是一种灵活而富有创造性的翻译方法,不拘泥于词汇的字面意义,而是根据上下文和整体语境来选择能够准确传达源语言文化信息的表达方式。

例如,在英汉翻译中有一些汉语词汇在英语中并没有直接对应的词汇。以"风水"为例,其在中国文化中具有深厚的历史背景和独特的文化内涵,但在英语中没有完全对应的词,在这种情况下可以采用意译,将其翻译为 feng shui 并附加简短的解释,如 a Chinese system of geomancy that links geographical features to the flow of energy and personal fate。这样的翻译既保留了"风水"这个词的文化内涵,又使英语读者理解其含义。

除了具体的词汇翻译外,意译策略还可以应用于句子的翻译。在英汉翻译中,有时会遇到一些在英语中难以找到直接对应表达的句子结构或修辞方式。在这种情况下,可以通过意译的方式调整句子的结构或表达方式,以使其更符合英语读者的阅读习惯和审美趣味。

来看下面一些意译的例子。

punch line 广告妙语

silly money 来路不明的钱

silent contribution 隐名捐款

孝道 filial piety

杂耍 variety show

按摩 massage therapy

推拿 medical massage

偏方 folk prescription

中山装 Chinese tunic suit

相声 witty dialogue comedy

(三)音译策略

音译又被称为"转写",是一种独特的翻译策略,其核心在于使用一种文字符号来精准地表示另一种文字系统的符号。这一过程不仅涉及语言之间的转换,更涉及文化的交流与融合。在翻译实践中,音译策略运用得当能够巧妙地将具有特殊文化特色的词语"移植"到译语文化中,使其出现在译入语读者的视野中,并被欣然接受。这种策略不仅丰富了译入语的语言表达,更促进了跨文化交际活动的有效进行。

音译策略可被用于一些特殊名词的翻译,这些名词通常源自特定的地域、历史、宗教或文化背景,在译入语中往往难以找到完全对应的词汇。通过音译,可以将这些词语的原始发音保留下来,使译入语读者在接触到这些词语时感受到其背后所蕴含的独特文化魅力。例如,中国的"功夫"一词在英语中被音译为 Kung Fu,这一翻译不仅保留了词语的原始发音,更让英语读者感受到中国武术的独特魅力。

随着全球化的推进,各行各业之间交流日益频繁,许多专业术语需要在不同语言之间进行转换。通过音译,可以将这些术语的原始发音和含义一并传达给译入语读者,避免了因直译或意译而产生的误解和歧义。例如,在医学领域,"针灸"一词被音译为 Acupuncture,这一翻译既保留了词语的原始发音,又准确地传达了针灸这一治疗方法的核心概念。

音译策略还在一些地名、人名等专有名词的翻译中发挥着重要作用。专有名词往往承载着丰富的历史和文化内涵,通过音译可以将其背后的故事一并传达给译入语读者。例如,古希腊哲学家"亚里士多德"的名字被音译为 Aristotle,这一翻译不仅保留了其原始发音,更让读者感受到了这位伟大哲学家的卓越贡献和深远影响。

再看下面一些音译的例子。

Muse 缪斯
Mousse 摩丝
Lansing 兰辛
Simmens 席梦思
Pandora 潘多拉
Travis 特拉维斯
瑜伽 yoga
八卦 ba gua
刮痧 gua sha
蹦极 bungee
磕头 kowtow

二、实践型翻译策略

随着全球化、信息化时代的浪潮汹涌而来,翻译技术日新月异,翻译实务的面貌也发生了翻天覆地的变化。下面深入探讨实践型翻译策略在翻译实务中的具体运用。

(一) 零翻译策略

零翻译策略是指在翻译过程中尽量保留原文的形式和内容,不进行过度的解释或转换。这种方法在科技、医学、法律等专业领域尤为常见,这些领域的术语具有特定的含义和用法,过度解释或转换可能导致信息失真或误解。例如,iPad 这个词直接对应苹果公司的平板电脑,无须额外解释或翻译。直接对应关系提高了翻译效率,有助于目标语读者更好地理解和接受原文的文化内涵。

来看下面一些零翻译的例子。

EQ 情商

VS 对阵

VIP 要客

HR 人事部门

(二) 深度翻译策略

深度翻译策略主张通过添加各种注释、评注等方式,将待翻译的文本置于一个更为丰富和多元的语言文化环境中。这种方法不仅用于某一特定文本或领域,还可以广泛应用于任何含有丰富解释材料的作品,包括文学作品、历史文献、科学论文等。

以文学作品为例,深度翻译要求译者深入挖掘作品的文化内涵,将原文中的隐喻、象征、典故等元素详尽注解,以便读者更好地理解作者的创作意图。译者还需关注作品所处的历史背景和社会环境,将这些元素融入翻译中,使译文更贴近原文的语境和情感色彩。例如:

Jewish women are derided as "Jewish American princesses".

犹太学生被讥为"美籍犹太公主"。(注:Jewish American princesses 是美国俚语,意思是:娇生惯养的阔小姐,自认为应享受特殊待遇的小姐)

(三) 改写策略

改写翻译策略通常指的是在翻译过程中,译者针对目标语言的特点和习惯,将现成的、富有表现力的语言结构或表达方式加以改造,以更好地传达原文的含义和风格。这种策略要求译者在保持原文信息完整的基础上,注重目标语言的文化背景和语言习惯,从而使译文更具可读性和吸引力。

以一句脍炙人口的英文谚语为例:"Anger is only one letter short of danger."原译是:"生气离危险只有一步之遥。"这个译文虽然准确传达了原文的意思,但缺乏一定的表现力和感染力。相比之下,改译的版本"忍字头上一把刀"则更加巧妙和生动。这个改译不仅保留了原文的文字游戏风格,而且通过运用汉语中的成语和象征手法,使译文更具韵味和深度。从这个例子中可以看到改写翻译策略的重要性。通过运用改写翻译策略,译者可以根据目标语言的文化背景和语言习惯选择更加贴切和富有表现力的表达方式,使译文更加生动、形象、易懂。这一方式有助于读者更好地理解原文的信息,以促进不同文化之间的交流。

改写翻译策略要求译者根据目标语言的文化背景和读者的阅读习惯对源语文本进行适当的调整和改变,这种改变不仅包括对词汇、句式的转换,还包括对文化信息的传递和解释。例如:

"(贾雨村)虽才干优长,未免有些贪酷之弊;且有恃才侮上,那些官员皆侧目而视。"

(《红楼梦》)

"But although his intelligence and ability were outstanding, these qualities were unfortunately offset by a certain cupidity and harshness and a tendency to use his intelligence in order to outwit his superiors; all of which caused his fellow officers to cast envious glances in his direction."

(霍克斯 译)

在这个例子中,霍克斯在翻译"恃才侮上"时,他将其改写为 use his intelligence in order to outwit his superiors,这种表达方式更符合西方读者的阅读习惯,同时也保留了原文的意思。同样,在翻译"侧目而视"时,霍克斯将其改写为 cast envious glances,这种表达方式也更能体现西方文化中"嫉妒、羡慕"的表达。

第三章　跨文化传播视野下的英汉特殊词汇翻译

词汇作为语言的基本单元,承载着丰富的文化内涵和表达功能。在不同的语言中,一个词除了其基本的字面意义之外,往往还蕴含着被民族文化深深影响的内涵意义。这种内涵意义不仅反映了民族的历史、习俗、信仰和价值观,也是语言翻译和跨文化交流中的一大挑战。在英汉两种语言中都存在一些特殊的词汇,如动物词、植物词、习语、典故、颜色词和数字词等,它们蕴含着丰富的文化内涵和象征意义。在英汉语言翻译和跨文化传播中,对这些特殊的词汇进行深入的理解和准确的传译显得尤为重要。

第一节　跨文化传播视野下的英汉动植物翻译

一、跨文化传播视野下的英汉植物词翻译

(一)英汉植物词的差异

1.同一种植物,文化内涵相异

由于中西方文化背景的显著差异,相同的植物在不同的文化中承载着不同的象征意义。以柳树为例,在中国的文化语境中,柳树具有深远

的文化含义。其字义起源于"木",指的是树木的一般类别。随着时间的推移,柳树超越了生物的范畴,被赋予了各种文化象征。首先,柳树被视为春天的使者。在早春的寒冷中,柳树的嫩芽代表着生命的复苏,预示着春天的临近,因此与春天建立了自然的联系。其次,自古至今,"柳"与"留"同音,常常代表离别。在交通和通信不发达的古代,人们在分别时往往难以预知重逢之日,于是通过折柳相赠的方式来表达依依不舍的离别之情,这一习俗进一步巩固了"柳"作为"离别"含义的地位。

2. 汉语植物词独有的文化内涵

在汉语的语境中,某些植物词汇承载着深厚的文化象征意义,然而在英语中,它们则缺乏类似的联想价值。例如,"岁寒三友"即"梅""松"和"竹",这三种植物在汉语文化中被广泛用来比喻人的高尚品格。梅花作为中国传统花卉之一,凭借其在严冬中绽放的淡雅香气,尤其是其枝干无叶、质地如铁的特性,常被用来象征高雅纯洁与坚毅不屈的品质。松树因其四季常青的特性,常被用作比喻坚贞不渝、刚正不阿的品格,同时因其长寿的特性,也被用来象征长寿。竹子在中国文化中备受文人雅士的青睐,常被用来描绘和赞美坚贞不屈、高风亮节的品质。然而,这些植物在英语中仅被理解为普通的植物,而缺乏相应的文化象征含义。

3. 英语植物词独有的文化内涵

相应地,英语中也存在着一些植物词汇,它们承载着特定的文化含义。"苹果"在英语文化中占据重要地位,常被用来象征最珍视的人或事物。短语 the apple of one's eye 起源于《圣经》,用以比喻对最心爱的人或极其珍贵的事物的呵护之情,其中 apple 蕴含着"珍贵的、心爱的"文化意蕴。然而,苹果也有"冲突"的含义,这一联想主要来源于希腊神话。此外,由于棒球在美国广受欢迎,苹果也因此被赋予了棒球的含义。在英语国家,棕榈树常与"胜利、荣誉、优越"相联系。当耶稣在耶路撒冷受难前胜利进入城市时,人们用棕榈枝铺路以示欢迎,因此棕榈枝成为胜利和喜悦的象征。在英语习语中,柠檬常被用来指代不受欢迎的人,这源于柠檬的酸味可能引发的不适感,与人们对讨厌之人普遍的反感情绪相呼应。

(二)英汉植物词的翻译技巧

1. 直译

当英汉两种语言中的植物词汇承载着相同或相近的文化内涵时,保留形象直译的翻译方法不仅使源语的文化特色能完整保留,同时也为译文的语言注入了更为生动、形象的元素。具体而言,保留形象直译在翻译实践中体现了翻译的"信、达、雅"原则。其中,"信"意味着翻译应忠实于原文,不歪曲、不遗漏原文的意思;"达"要求译文应表达准确,使目标语读者能够清晰理解;"雅"则指译文应语言优美,给读者带来审美上的享受。通过保留形象直译,即能够在保持原文文化特色的基础上,使译文既准确又生动。例如,peachy cheeks 在英语中,peachy 一词通常用来形容某物具有如桃子般鲜嫩、光滑的质感。在汉语中,"桃腮"一词则用来形容女子脸颊红润、娇艳欲滴。由此可见,英汉两种语言中的"桃"均被赋予了美丽、娇嫩的象征意义。因此,在翻译时,可以直接保留这一形象,将 peachy cheeks 翻译为"桃腮",从而传达出源语中的文化内涵。再如,谚语"Oak may bend but will not break."中,oak 指的是橡树,是一种坚韧、耐久的树种。该谚语的意思是尽管橡树可能会弯曲,但它绝不会折断,象征着坚韧不拔、不屈不挠的精神。在汉语中,橡树同样被赋予了坚韧、耐久的象征意义。因此,在翻译时可以保留这一形象,将这句谚语翻译为"橡树会弯不会断",从而充分地传达出源语中的文化内涵。

2. 直译加注释

对于那些对西方文化不甚了解的读者来说,直译确实可能带来一些困惑,这是因为很多西方习语和表达方式背后的文化内涵和历史背景并非通过简单的字面翻译就能完全传达。然而,如果能在保留原文的植物形象的同时进一步解释其文化意义,那么这些习语和表达方式就会变得更加生动和易于理解。例如,As like as two peas in pot 表面意思是"锅里的两粒豆",但实际上它用来形容两个人或事物之间极其相似。这个习语源自 17 世纪的英国,当时人们发现同一锅豌豆中的两粒豆子非常相似,于是就用这个形象比喻人与人之间的相似性。因此,译者在翻译时除了直译外,还需要进一步阐述其背后的文化内涵和历史背景,从而让读者更好地理解和记忆。

3. 舍弃形象意译

如果直译某种植物词汇被译语读者费解,并且不容易添加注释,转换形象套译又难以操作时,舍弃源语中的植物形象进行意译是一种可行的翻译策略。通过这种方式,可以更好地传达原文的联想意义,使译语读者更好地理解原文所蕴含的文化内涵和情感色彩。同时,在进行意译时,还需要注意保留原文的含义和信息,避免过度解读或误解原文的意思。例如,"Every bean has its black."如果直译为"每个豆子都有它的黑色",这会让译语读者感到困惑,不知道这个句子想要表达的意思。如果舍弃源语中的植物形象,将其意译为"凡人各有短处",就可以清晰地传达出原文的意思,即每个人都有自己的缺点和不足。这样的翻译方式既保留了原文的含义,又让译语读者更容易理解。

二、跨文化传播视野下的英汉动物词翻译

(一)英汉动物词的差异

1. 凤凰与 phoenix

在中国传统文化中,凤凰是一种极具神秘色彩和象征意义的动物。作为百鸟之王,凤凰代表着吉祥、安宁和太平。人们相信,只要凤凰出现,就会给人们带来好运和幸福。例如,"凤毛麟角"这一成语意指像凤凰的羽毛和麒麟的角一样稀少,用来形容那些具有特殊才能、出类拔萃的人。"山窝里飞出了金凤凰"用来形容在偏僻的山村中出现了有特殊才能或成就的人,就像山窝里的普通小鸟变成了金光闪闪的凤凰一样。

此外,凤凰还被赋予了幸福和爱情的象征意义。在传统文化中,凤凰往往与龙相提并论,二者被视为阴阳两性的代表。龙具有阳刚之气,代表着帝王和权力;凤凰具有阴柔之美,代表着皇后和母性。

在英语文化中,phoenix 有着独特的象征意义,被描绘成一种灵鸟,长满了火红色或金黄色的羽毛。根据传说,凤凰在阿拉伯沙漠中生存了 500～600 年,当它临死时,会为自己筑一个巢,里面铺满了香料,之后它会唱出一曲婉转的歌,用翅膀将火扇旺,焚烧自己而死。但令人惊奇的是,三天之后,凤凰会从灰烬中复活,重新焕发生机。因此,在英语中,凤凰也被赋予了复活、再生的象征意义。例如,在描述一个经历了重重困难后重新崛起的事物或人时可以说:"It like a phoenix, has been resurrected from the ashes of the war."表达了凤凰涅槃重生的意境,也寓意着人或事物在经历了挫折和磨难之后,能够重新焕发出勃勃生机。

2. 猴与 monkey

在汉语中,猴与"侯"同音,"侯"是一种官爵,象征着地位与权力,因此猴子在中国文化中被认为是非常吉祥的动物。当人们提到猴时,往往会联想到古典名著《西游记》中的美猴王孙悟空,他机智、勇敢、善良,深受人们喜爱。在中国人眼中,猴子不仅可爱,而且极具智慧。猴子善于模仿、学习,能够迅速适应环境,解决问题。在自然界中,猴子展现出了惊人的生存能力和适应能力,使人们更加欣赏和喜爱它们。

在英语国家,人们对猴子的看法却有所不同。虽然猴子在英语国家也被认为是一种聪明的动物,但它们更多地被描绘为爱搞恶作剧的形象,在英语中有许多成语和短语都体现了这一点。比如,monkey around 表示"胡闹、闲荡",暗示猴子喜欢嬉戏、玩耍;monkey with 表示"鼓捣、瞎摆弄",暗示猴子喜欢搞破坏、捣乱;make a monkey of sb. 更是直接表达了"戏弄、耍弄某人"的意思。

3. 鹰与 owl

在汉语中,猫头鹰的形象与不祥、厄运紧密相关,但是在古希腊、古罗马的神话故事中,猫头鹰却代表着智慧与裁决之力。这种文化差异不仅反映了人们对动物的不同理解,也体现了各自文化的独特价值观。

在中国传统文化中,猫头鹰因其夜间活动习性、盘旋于坟地上空的场景以及凄惨的叫声,被赋予了不吉利的象征意义。民间传说中,猫头鹰若在某家树上降落或发出叫声,往往预示着家中将有人面临死亡。因此,猫头鹰在中国文化中被认为是不祥之鸟,与厄运、倒霉等负面概念紧密相连,如成语"夜猫子进宅,无事不来"和"夜猫子进屋,全家都哭"等。

但是,在古希腊和古罗马的神话故事中,猫头鹰却是智慧与裁决的象征。这些故事中的猫头鹰常常在雅典娜女神等女神的身旁栖息,代表着智慧与知识。在这些文化中,猫头鹰被赋予了裁决冲突和救助危难的能力,成为智慧和力量的化身,如英语中的短语 as wise as an owl 表达了猫头鹰的智慧。

4. "狗"与 dog

在中西方文化中,"狗"和 dog 也有不同的含义。中西方人都有养狗的传统,但他们对狗的态度完全相反。在汉语里,"狗"通常是和"厌恶、轻蔑"等词语联系在一起的,有着负面的形象,如"狗仗人势""狗急跳墙""狗拿耗子多管闲事""狗眼看人低"等。但是,在西方文化中,狗是人类最忠诚的朋友,它们勇敢而忠诚,有正面的形象,如 a lucky dog 指"一个幸运的人", love me, love my dog 的意思是"爱屋及乌", help a lame dog over a stile 表示"帮助某人渡过难关"。

5. "猫"与 cat

"猫"是中西文化中另一种有着不同含义的动物形象。与狗相比,中国人认为猫是一种温顺的动物。但在西方文化中,猫总是伴随着女巫出现的。一般来说,猫拥有一个邪恶的形象,如 let the cat out of the bag 翻译为"露马脚", put the cat among pigeons 的意思是"鸡犬不宁"。

6. "虎"与 tiger

在中国文化中,"虎"被认为是动物之王,表示勇敢和无敌,与"龙"的象征意义相似,如"生龙活虎""虎踞龙盘"。但在西方文化中,狮子是动物之王,因此大多数与狮子有关的英语成语可以相应地翻译成

"虎"。例如，a lion in the way 的意思是"拦路虎"；place oneself in the lion's mouth 可以翻译为"置身虎穴"；a donkey in a lion's hide 表示"狐假虎威"。

（二）英汉动物词的翻译技巧

1. 直译：保留源语意象

在翻译的过程中，直译是一种常见且实用的方法。所谓直译，即将源语中的文化意象直接转换为目的语中的对等意象。这种翻译方式在处理动物文化意象时尤其有效。由于不同文化背景下的人们对某些动物的情感存在共通性，直译可以在很大程度上实现文化重合，确保意象的等值传递。例如，在英语中有这样一个表达："A lion at home, a mouse abroad."这个表达包含了两个动物意象：lion 和 mouse。在翻译这个表达时，可以直接将其转换为汉语中的对应意象，即"在家如狮，在外如鼠。"这样的翻译既保留了原文的意义，又使目的语读者能够准确地理解原文所传达的信息。

2. 转译：寻求功能对等

转译指在目的语中寻找与源语动物意象相契合的对等意象，以达到便于理解与把握的效果，其常见于处理涉及动物意象的词汇和表达中。在翻译过程中，译者常面临源语意象难以被目的语读者理解或把握的困境，如果目的语中恰好存在与源语意象契合的对等意象，译者就可以采用转译法，用目的语中的对等意象替代源语意象，使目的语读者能够更好地理解和把握原文的意图。例如，在英语中，as strong as a horse 这一表达转译了汉语中的"力大如牛"，"牛"在汉语文化中被视为力量的象征，而在英语中，horse 承载着"强大的力量和耐力"的寓意。因此，通过转译，英语读者能够轻松地理解这一表达所传达的强大力量的概念。再如，"落汤鸡"在汉语中用来形容一个人被雨水淋湿的样子。在转译为英语时，使用了 like a drowned rat 这一表达，因为在英语中，rat 被用来形容某物湿透或狼狈不堪的状态，与汉语中的"落汤鸡"形象相吻合。这样的转译不仅保留了原文的形象性，还使英语读者能够直观地理解汉语中的这一比喻。

3. 省译：意象减值传递

省译是一种在翻译过程中针对动物文化意象的减值传递现象。在跨文化交流中，不同语言对动物词汇的文化内涵往往存在着显著差异。英语中一些动物词汇可能蕴含丰富的文化意义，在汉语中却找不到相应的对应表达，反之亦然。面对这种情况，译者需要灵活运用意象减值传递的手法，以帮助读者更好地理解原文的含义，这种方法也可称为"释义法"。例如，英语习语 rain cats and dogs 在汉语中并没有与之对应的动物文化意象，因此译者可以选择省略意象，直接翻译为"倾盆大雨"这一含义，确保读者能够准确理解。

第二节　跨文化传播视野下的英汉习语、典故翻译

一、跨文化传播视野下的英汉习语翻译

（一）英汉习语的差异

1. 自然环境的差异

中西方各自独特的自然环境和生活条件孕育了丰富多彩的地域文化，并影响着人们的思维方式和语言表达，这种影响在习语中的体现尤为明显。

例如，英国是四面环海的岛国，海洋资源丰富，海洋文化深入人心。英国人的日常生活与海洋息息相关，海洋元素在英语习语中随处可见。比如，a ship in the sea 形象地描绘了萍水相逢的人，如同在茫茫大海中相遇的两艘船，短暂而美好；all at sea 生动地表达了茫然、不知所措的

状态,就像在大海上迷失方向,这些习语都体现了英国海洋文化的独特魅力。

中国的习语更多地与土地、农业生产相关。中国作为一个农耕文明国家,土地对于人民来说有着特殊的意义。在汉语中,可以找到许多与土地有关的习语。比如,"拔苗助长"形象地描绘了急于求成的心态,就像农民想要让庄稼快速长高而拔起秧苗一样;"寸土寸金"强调了土地资源的珍贵,每一分土地都值得珍惜。这些习语都体现了中国农业文化的深厚底蕴。

2. 风俗习惯的差异

中西方截然不同的语言文化背景形成了各自独特的思考方式和审美价值观。这种文化差异在翻译中表现得尤为明显,因为译者必须具备深厚的跨语言文化知识,才能确保译文的准确性和流畅性,否则,由于文化差异造成的误解和障碍就会不可避免地出现。

例如,在中西方文化中,狮子和老虎的地位和象征意义便存在显著差异。在英格兰神话故事中,狮子被尊为百兽之王,代表着英雄、权威和气势。因此,英国人将狮子视为国家的象征,the British lion 指代英国人,a literary lion 则用来形容英语文艺界的名人。

在中国文化中,老虎则被视为百兽之王,它大胆、凶猛、威严,与许多成语和传说紧密相关。例如,"虎视眈眈"形容目光锐利、气势逼人,"如虎添翼"比喻得到有力支持后更加强大,"卧虎藏龙"则形容隐藏着的杰出人才,这些成语都充分展示了老虎在中国文化中的重要地位。

3. 思维方式的差异

在西方文化中,研究者尤其注重理性意识和逻辑性,这种思维方式使他们在构建话语架构时善于运用各种具体化的联系方式,以确保话语的整体性和严密性。例如,雪莱在他的名诗《西风颂》中,通过运用条件句"if Winter comes, can spring far behind?"(冬天来了,春天还会远吗?)巧妙地展现了两个对立的概念——冬天和春天之间的紧密联系。读者在阅读这样的句子时,能够清晰地感受到其中蕴含的矛盾与联系,这也是西方思维方式中逻辑性和严密性的体现。相较之下,汉民族在语言表达上更注重悟性和辩证思维。在汉语中,语言结构相对松散,缺少明显的连接词或连接方法。这种表达方式可能让人感觉语言结构有些杂乱无章,但实际上,这正是汉语中悟性和辩证思维的体现。例如,在汉语表达中,常常能够看到类似于"打得了就打,打不赢就走,还怕没办法?"这样的句子。这些句子虽然表面看起来没有明显的逻辑联系,但实际上通过悟性和辩证思维,就能够理解其中蕴含的深刻含义和逻辑关系。这种英汉语言之间的差异实际上反映了英汉民族不同的思维方式。在英语中,重形合(hypotaxis)的特点使语言结构更加严密,逻辑关系更加明确。在汉语中,重意合(parataxis)的特点则使语言更加灵活,富有诗意和哲理。

4. 历史典故的差异

每个民族都以自己独特的语言形式在世界历史的画卷上描绘着自己的故事,这些故事如同涓涓细流,汇聚成各民族丰富多彩的文化海洋。在英汉两种语言中,许多惯用语都源自史学经典,它们承载着厚重的历史沉淀,以形象生动的方式传达着深远的意义,同时也展现了英汉民族独特的文化风貌。在英语的惯用语中,可以看到许多源自《圣经》的例子,如 Helen of Troy 这个短语便源于古希腊历史中的海伦,她的美貌引发了特洛伊战争,因此被用来形容倾国倾城之美或是带来巨大灾难的根源。再如, the Apple of one's eye,这个短语出自《圣经》中的一句诗:"Keep me as the apple of the eye, hide me under the shadow of thy wings."它用来形容某人非常珍爱的事物或人,如同瞳孔对于眼睛的重要性一样。

此外,古希腊与罗马神话也是英语惯用语的重要来源。例如,Promethean fire 源于普罗米修斯为人类盗取火种的故事,用来比喻生命的活力或创造力。再如, a Wolf in sheep's clothing,这个短语源于古希腊寓言中的故事,用来形容表面和善但内心险恶的人。在汉语中,也有许多源自历史故事的惯用语,如"朝三暮四"源于《庄子》中的一则寓言,用来形容人反复无常,说话做事不稳定;"杀鸡取卵"则是一则古老的谚语,用来比喻贪图眼前小利而损害长远利益的行为。这些惯用语如同一扇扇窗户,能够让人们窥见不同民族丰富多彩的文化内涵。它们不仅丰富了人们的语言表达,也让人们更深刻地理解了各自民族的历史和文化。

（二）英汉习语的翻译技巧

习语是一个民族语言文化的重要组成部分，英语和汉语中都有大量的习语。英语和汉语既有文化上的相似之处，也有文化上的差异，它们之间的相似性使习语的翻译很容易。然而，由于中西文化的差异，各自习语所承载的文化信息也有所不同，这种差异是习语翻译中的难点。译者如果不正确理解文化因素，就会在翻译中犯错误。成功的翻译是将文化内涵准确地传达到译文中，因此译者有必要了解英语习语的内涵意义，让语言和文化相结合，这样才能准确地表达和传播文化。

1. 直译

由于英汉语言的复杂性，其对应的习语相对较少，但仍有一些英语习语与某些汉语习语完全或基本上具有相同的意象和意义，因此习语翻译可以采用直译。直译是一种忠实地表达原文意思、再现原文语言特点和风格的翻译方法，但不应过分妨碍读者的理解，否则就会成为死译。例如，"A bird in hand is worth two in the bush" 翻译为 "双鸟在林，不如一鸟在手"；"A rolling stone gathers no moss" 翻译为 "滚石不生苔"；"To be armed to the teeth" 翻译为 "武装到牙齿"；"Strike while the iron is hot" 翻译为 "趁热打铁"。通过直译，许多英语习语可以直接翻译成汉语，而无需添加解释或注释就能很容易被理解。

2. 意译

许多英语习语在意义上具有文化特点，这给翻译带来了困难。当无法使用直译的方法来翻译文章，并且没有合适的中文词句时，译者可以使用意译。意译是一种灵活的翻译方法，它主要传达原文的意思和风格，目的是忠实于原文的内容，而不是原文的形式。但意译并不意味着随意删除或添加原文内容，所以译者在翻译时必须仔细斟酌原文，努力诠释其中的含义。例如，to take French leave 是源于17世纪法国流行的一种习俗，在宴会上，客人可以不与主人道别而自由离开，现在，人们用它来暗示不说再见就离开是不礼貌的，成语"不辞而别"就表达了这个意思。a castle in the air 在《简明牛津词典》中,给出了"空想项目,白日梦"的定义。在西方,贵族过去住在城堡里,而在中国,贵族或富人过去住在"楼阁"里,因此可以翻译为"空中楼阁"。

3. 直译与意译结合

直译虽然有时难以理解,但它有利于保持源语言的文化色彩;相比之下,意译很容易被人理解,同时也会失去原来的形式。因此,许多译者将这两种方法结合起来,以发挥各自的优点,避免各自的缺点。对于一些习语,译者在前一部分逐字逐句地翻译原文,以保持其文化特色,然后在后一部分对其进行改写,以便读者能够毫不费力地理解。例如,"A little pot is soon hot."翻译为"壶小易热,量小易怒";"As you make your bed, so you must lie on it."翻译为"自己铺床自己躺,自己造孽自己遭殃";"Let sleeping dogs lie."翻译为"睡狗莫惹,麻烦莫招";"Riches have wings."翻译为"金钱有翅,财富易失"。

二、跨文化传播视野下的英汉典故翻译

(一)英汉典故的差异

1. 英语典故

(1)英语典故的来源

古希腊神话对西方作家的创作影响深远,其丰富的故事情节在众多文本中被广泛引用。在神话传说中,古希腊和古罗马的神话占据显著地位,对英语文学的表达和创新具有深远影响。因此,这些神话中的典故,如潘多拉的盒子等,频繁出现在英语作品中,丰富了文学的象征语言。

在英语文学中,寓言和童话的数量众多,占据了相当的比例。这些寓言和童话往往源于日常生活,蕴含深刻的道德寓意,比传统文学形式更具内涵,如灰姑娘的故事已成为全球文学创作中的标志性元素。

寓言故事是一种普遍且具有代表性的叙事形式,其特点是篇幅简

短,角色各具特色,所传达的道理直接明了。例如,《伊索寓言》中的北风与太阳的故事,通过寓言化的叙事揭示了温和的手段有时比强制性的方式更能达到目标的道理。这些故事以生动的比喻和简洁的情节阐述了生活智慧,深受作者和读者的喜爱。此外,还有《克雷索夫寓言》等其他西方寓言,它们在英语文学创作和翻译中发挥着丰富故事内涵和提升趣味性的作用。

西方经典名著作品种类繁多,包括中世纪的歌剧、戏剧以及诗歌、散文等。莎士比亚的作品堪称西方文学的瑰宝,其深入人心的角色和情节对后世产生了深远影响,许多作品中的名句和事件成为西方文学的经典内容。

历史故事承载着人类社会发展的历史脉络,其中蕴含的智慧和哲理对文学发展起到了推动作用。历史事件和人物故事的传承为文本创作提供了丰富的素材,如"滑铁卢"一词已成为表示彻底失败的通用表达,显示出历史故事在文化中的深远影响。

日常生活是文学艺术的重要源泉,其中的日常情境和社会现象为英语文学创作提供了源源不断的灵感。这些作品是对现实社会的生动反映,与社会制度和环境紧密相关,展现了生活的多样性和复杂性。

(2)英语典故的内在逻辑

①思维逻辑。根据英美社会的发展历程可知,英美典故内在逻辑是存在着某种规律性的。从跨文化文学的角度看,许多英美的隐喻和比喻都是建立在欧美语言典故的基础上的,因此在翻译过程中,译者不能完全按照中国的传统语言系统与文化进行解读,而是要用另一种方式来分析。英美典故的意译除了要把握其渊源、文化意蕴外,还要把握好思维的逻辑性,即充分利用现有的相关理论,从多个文化角度加以适当的诠释,这样才能使典故翻译具有艺术性和感染力。

②价值逻辑。古希腊文明深刻地影响着整个世界的文学发展,即使在现代英美文学中,也能追溯到古希腊的哲理。例如,英国简·奥斯汀所写的《傲慢与偏见》和美国约瑟夫·海勒所写的《第二十二条军规》,虽然两人所处的文学体系不尽相同,其文学语言却都具有十分浓厚的哲理色彩。要想用多文化视角去理解英美的典故,必须从文学发展的历程与创造的逻辑入手,挖掘出这些语言要素背后的内在联系,并进一步分析英美的各个时期的特点,进而对英美的典故有一个全面的认识。

③宗教文化。英语起源于印欧语系,英美国家的主流文学也是以英

语为主体的。英语这门语言在漫长的发展过程中一直都有一个较为重要的影响因素,那就是宗教文化。尽管《旧约》是用希伯来语写的,但它包含了许多印欧国家的文字观念。在《新约》的翻译中,译者也在某种意义上参考了英语中的一些文学观念,以方便读者了解。所以,从英美两种文化中使用的各种典故可以看出,大多数的语言观念都与其宗教文化的发展有着密切的关系。宗教在英美文坛的发展中起着不可忽略的作用,而《塔纳赫》《妥拉》《先知书》《文集》《摩西五经》等宗教文献的流传和发展更是英美文坛不可缺少的一部分,应从多个不同的角度来解释这些文献中的隐喻和典故。

④历史文化。英美文化中使用的许多典故都来自一些特定的历史事件和历史人物。英美文学在用典的使用上形成了语言上的差异。英国文学注重对各种典故的描写,以描写人物的心理活动和背景来凸显各种典故的艺术表现力。美国的小说以嘲弄和隐喻为主,通过刻画不同的角色和不同的情节来丰富小说中的隐含意义。在这些人当中,美国的杰罗姆·大卫·塞林格特别善于运用这种方法来表现自己的作品。比如,"They stopped looking before they had even really started."这句话就被用在了短篇小说《麦田里的守望者》中。在这本书中,作者还对故事中的历史背景和一些人物的行为进行了讽刺,从而让这种文学表达与这部小说的中心思想完全吻合,并以借物喻人的隐喻表达方式为基础,来传达作者所要传达的核心思想。因此,通过隐喻和讽刺的角度来表现英美的典故为英美经典在跨文化角度上的诠释提供了一个多样化的思维方式。

2. 汉语典故

灿烂悠久的中华文化从众多的典籍之中保存了下来,而这些典籍又为汉语典故的形成提供了肥沃的土壤。

(1) 儒家文化中的典故

儒家文化由儒家学派的创始人孔子所创立,是一种博大精深、源远流长的思想体系。孔子是伟大的思想家、教育家,他通过研究古代文化,特别是礼乐文化提炼出了以"仁"为核心思想的理论体系,该体系涵盖了"礼""仁""德""修""中""天命"等内容。儒家文化自创立以来,经过春秋战国时期的繁荣、两汉经学的发展、宋明理学的兴盛以及明清实学的实践,逐渐成为中国文化的主脉。儒家文化思想体系不仅是一种学术理论,更是中华民族的精神支柱和道德准则。儒学的成长史是一部中华民族的发展历史,它见证了中华民族的兴衰荣辱,也指引着中华民族不断向前发展。

在儒家文化中,典故起着重要的作用。这些典故生动形象地展示了儒家文化的内涵,让人们在其中感受到儒学的智慧和魅力。比如:

"举案齐眉"讲述了妻子对丈夫的尊重和平等。在儒家文化中,男女平等、互相尊重是一个重要的价值观。无论在家庭还是社会中,每个人都应该受到平等的对待和尊重。

"退避三舍"讲述了春秋时期晋国的公子重耳为了避免与楚国的冲突三次主动让出住所,以示诚意和尊重。这个故事传达了儒家文化中"仁"的思想,即通过退让和尊重他人来达成和谐共处。

"孟宗哭竹""老牛舐犊"等典故都传达了儒家文化中的孝道、仁爱等思想。这些典故让人们深入了解了儒家文化的内涵,激发了人们对道德、伦理的思考和追求。儒家文化还强调个人修养的重要性,一个人的品德和修养是决定其社会价值和地位的关键因素。儒家文化提倡"修身、齐家、治国、平天下"的理念,即通过个人的努力和修养实现家庭、社会、国家的和谐与繁荣。

(2)佛教文化中的典故

佛教自汉代从印度传入我国以来经历了漫长而曲折的发展历程。在魏晋南北朝时期,佛教逐渐得到了广泛的传播和深入的发展,到隋唐时代,佛教迎来了在中国历史上的辉煌时刻。作为一种外来的宗教文化,佛教对中国文学艺术、语言文化等多个方面产生了重要的影响。

在佛教文化的熏陶下,许多文人墨客开始将佛教元素融入自己的文学创作中,这在诗歌、小说、散文等各种文学形式中都可以看到佛教思想的影子。同时,也涌现出了一大批以佛教为主题的诗僧,他们的作品具有极高的文学价值,是对中国佛教文化的重要传承和弘扬。在佛教文化的影响下,中国的绘画和雕塑艺术逐渐形成了独特的风格和特点。佛像的塑造、寺庙的建筑、壁画的绘制等方面都体现出了佛教艺术的独特魅力。这些艺术作品具有极高的审美价值,是对中国佛教文化的重要记录和传承。

佛教文化中的许多词语、成语、俗语等都逐渐融入了汉语中,成为人们日常生活中常用的语言表达方式。例如,"三生有幸""五体投地""口蜜腹剑""借花献佛""一尘不染""苦海无边,回头是岸""道高一尺,魔高一丈""救人一命,胜造七级浮屠"等,这些成语和俗语都源于佛教文化,具有深刻的思想内涵,是汉语中宗教典故的主要来源。

(二)英汉典故的翻译技巧

典故中包含中西方国家的各种文化内容,如果对这些典故不了解,容易导致翻译中出现分歧,影响翻译效果。因此,翻译人员要重视典故的文化分析,从而保证翻译效果。

1. 直译法

直接翻译典故能精确传递其独特的意义与精神,也能充分揭示其中的深层含义,使历史背景或文化价值观以鲜明的方式重现在读者眼前。比如,英语中的 an eye for an eye and a tooth for a tooth 通过直译可对应为汉语的"以眼还眼,以牙还牙",这种翻译策略能原汁原味地保留典故的本意。尽管典故在多数情况下具有生动、具象的特性,但某些典故对读者可能较为生僻,特别是汉语典故转化为英语时,部分读者可能难以直接理解其核心含义。因此,采用直译法能有效地恢复典故的原始意义,有助于读者迅速把握文本主旨,维持文章的连贯性和一致性。

2. 意译法

在处理典故翻译时,译者可采取意译策略,以确保内容的准确传达。鉴于中西方文化间的显著差异,一些读者可能在理解原文深层含义时遇到困难,尤其是那些持传统观念的读者,在接触并理解其他国外文化时可能产生误解。为防止这种情况,译者应尽量保持原文的基本意思,对特定的细节进行适应性的调整和转化,只要能保留句子的核心意义即可。若直译方法不适用,或者直译可能导致原意大幅度偏离,使用意译法将是恰当的选择。

3.直译加注法

直译加注的翻译策略在处理典故时表现出显著的优越性,广受翻译从业者的青睐。该方法规定译者需原封不动地保持原文的结构,随后附上注解,以确保读者能准确领会原文的核心意思,防止对原文内容的误读。在保持原文大致结构或意义的基础上,这种方法能直观地揭示作者的原始思想和情感,尊重并保留作者的主观意图。

4.释义法

对于那些具有显著民族特色或地域特征的作品,译者在转化英语文本时,若单纯采用直译策略,可能难以传达原文的深层含义与独特韵味,读者可能因此对作者的意图和情感产生误导,从而阻碍了读者与作者之间的深度交流和互动。对此,译者可采用释义法,将历史典故中的隐藏含义清晰地展现给读者,从而有助于读者理解复杂的语境,更深入地领悟其中蕴含的民族文化。译者需要确保对文本基本意义的准确传递,精确表达核心内容,并对特殊部分进行适当的注解或阐释。

第三节 跨文化传播视野下的英汉颜色、数字翻译

一、跨文化传播视野下的英汉颜色词翻译

(一)英汉颜色词的差异

1.颜色词的指代对象差异

颜色词经历了漫长而丰富的历史发展过程,在这一发展过程中,不同的文化、地域和民族形成了各自独特的颜色观念和象征意义,对于同

一事物的颜色表达,往往存在着显著的差异。这些差异不仅反映了不同文化背景下的审美观念和价值观,也对语言翻译和跨文化交流产生了深远的影响。

红糖在英语中常用 brown sugar 表达,而红茶则用 black tea。这两个词语的颜色表达与它们所指代的对象之间存在明显的背离现象。在汉语中,"红糖"因其颜色偏红而得名,而"红茶"则因其茶汤色泽偏红或深褐色而得名。但是在西方文化中,brown 和 black 这两个颜色词汇更多地与事物的自然属性或功能相关,并不是直接反映其颜色特征。

在英汉翻译中,这种颜色语的背离现象不胜枚举。比如,汉语中的"黄色书刊"在英语中并不能直接翻译为 yellow book,因为在西方文化中,yellow 一词代表的"不良、污秽"等负面情感色彩并不明显。相反,在西方文化中,yellow 更多地与"胆小、懦弱"等性格特征或"警告、危险"等安全标志相关,因此在翻译时需要特别注意避免直接对等翻译,以免产生误解或歧义。

除了具体的词汇翻译外,中西方颜色文化的差异还会对语言交流中的语义理解和情感传达产生重要影响。例如,在西方文化中,white 一词往往与纯洁、善良、神圣等正面情感相关,如 white lie(善意的谎言)、white night(不眠之夜)等表达都体现了 white 的积极含义。但是,在汉语中,"白色"一词则更多地与死亡、哀悼等负面情感相联系,如"白色恐怖""白事"等表达都带有明显的消极色彩。这种差异不仅存在于具体的词语翻译和语义理解中,还深刻地影响了人们的审美观念和价值观。

2. 基本颜色词的象征意义差异

(1)"红"与 red

红色在中西方文化中具有深厚的文化内涵。在汉语中,"红"往往与吉祥、喜庆、美丽等积极情感有关,但是在西方文化中,red 除了具有积极的象征意义外,更多地与危险、暴力、愤怒等负面情感相关。

在汉语中,"红"被赋予了多重正面寓意。

①象征着顺利和成功。例如,"红人"指受到上司喜爱或赏识的人,"红包"是长辈给晚辈的压岁钱或上司给下属的奖金,"走红"则是形容某人境遇非常好。

②代表着热情奔放和喜庆吉祥。春节时,家家户户都会贴上红色的对联、福字,挂上红灯笼,以祈求新的一年平安吉祥。在婚礼等大喜的日子里,红色更是不可或缺的元素,红喜字、红烛、红装等都寓意着幸福和美满。

但是汉语中的"红"也并不是全然积极的,它有时也带有贬义,如"眼红"就表示羡慕或嫉妒。

相比之下,西方文化中的 red 具有更为复杂且多面的象征意义。

①代表财务亏损或负债。在西方国家,如果账单或损益表中的净收入是负数,人们会用红笔标记突出,如 red figure(赤字), in the red(亏本), red ink(赤字)和 red balance(赤字差额)等。

②代表暴力、流血和危险。这是因为红色与血液的颜色相似,而血液与生命和死亡相关,如 a red battle(血战), red revenge(血腥复仇), the red rules of tooth and claw(残杀和暴力统治)以及 red hot political campaign(激烈的政治运动)等。

③代表放荡、淫秽。由于红色鲜艳夺目,因此在西方文化中有时被赋予诱惑和邪恶之美的隐喻含义,如 a red light district(红灯区)和 paint the town red(花天酒地地玩乐)等。

值得注意的是,red 在西方文化中也有积极的象征意义。例如,在电影节开幕式或欢迎他国首脑的仪式上,主办方常铺 the red carpet(红毯)以表示尊重和荣誉。

(2)"白"与 white

自古以来,无论是在东方还是西方,白色都作为一种普遍受人类崇尚的颜色,承载着丰富的文化内涵。

在汉语中,"白"字具有丰富的语义内涵。

①用来象征纯洁、素净和清新。例如,在古代文献《增韵》中,"白"被解释为"素也,洁也",体现其在道德和审美上的高洁品质。此外,在京剧脸谱中,白色常常用来表示阴险奸诈的角色。

②代表平民百姓的生活。平民常常穿着没有任何修饰的白布衣服,因此"白衣"一词逐渐成了没有文化和身份的贫苦平民的代名词。

③表示肃杀、死亡等。例如,在丧事中,人们要穿白色孝服以示哀悼。此外,"白"字还常用来形容没有添加任何额外成分的物品,如"白条""白汤""白水"等。

相比之下,英语中的 white 也具有丰富的文化内涵。

77

①代表幸运、善意和吉利。例如，a white day 一词就表示吉日。

②象征纯洁、清白和光明等。在婚礼上，新娘通常会穿着白色的婚纱，以显示纯洁无瑕。

③象征爱情的忠贞不移。例如，white rose of innocence/virginity 就表示纯洁的爱情。

但是与汉语中的"白"相似，英语中的 white 有时也用来表示负面影响或消极情绪。例如，在战争中，失败一方会打出 white flag（白旗）以示投降；在斗鸡中，认输的一方会竖起颈上插着的一根长长的有点白色的羽毛，演化出了 show white feather 这一表达。此外，white 在英语中还有一些具有特定文化内涵的短语，如 white night 表示不眠之夜，white trash 指没有文化、贫穷潦倒的美国白人。

（3）"黑"与 black

"黑"在英汉语中具有相似但又独特的象征意义。

在汉语中，"黑"的内涵丰富多样。从历史角度看，黑和白是黑暗和光明的象征，反映了古代人对宇宙、生死、阴阳等哲学概念的理解。

①贬义象征。在汉语中，"黑"常被用来象征邪恶的、阴险的、坏的、死亡和恐怖。例如，"黑心"指心肠狠毒，"黑钱"指非法所得，"黑店"指非法经营的店铺，"黑幕"指暗中的丑事，"黑社会"指非法犯罪组织，"黑市"指非法交易市场。

②褒义象征。在古代汉语文化中，"黑"也象征憨直、刚毅、神秘、严正、深沉等褒义。例如，黑色脸谱人物在戏曲中通常是公正无私、刚直不阿的性格。

在西方国家的文化中，black 常被当作"死亡之色"。

①贬义象征。在英语文化中，black 往往象征哀痛、终结和困厄。例如，西方社会普遍认为，black 能够营造出庄重和肃穆的氛围，因此在葬礼上经常被采用。此外，black 也常被用来描述负面的状态或情绪，如描述一个人态度恶劣、心情低落、面色不佳或者情况模糊不清。比如，black-browed 用来指代皱着眉头的沮丧表情，in a black mood 表示处于愤怒或烦躁的情绪中，be/go black in the face 表示极度愤怒。在经济的语境下，black economy 特指未向政府申报并缴纳税金的部分经济活动，这些活动所涉及的收入是非法的。

②中性象征。在西方文化中，black 也有中性或积极的象征意义。例如，black suit 和 black dress 分别指黑色西装和黑色礼服，是正式和

庄重的服装。此外，black 还象征隆重、严谨和谦虚，因为黑色具有暗、朴素而沉稳的色调，符合西方传统服装的审美观念。

③宗教象征。在《圣经》文化中，black 常代表邪恶、妖魔和黑暗。例如，Black Friday 指星期五又逢十三号那天（耶稣受难日），black box 指黑匣子（意味着灾难或不幸），black mass 指魔鬼的信徒仿照基督教的礼拜仪式进行的黑弥撒。

（4）蓝色与 blue

在中国文化里，"蓝色"除了指"万里无云的天空的颜色"外，几乎没有什么其他含义。在西方文化中，"蓝色"则有很多内涵，正面的含义是"忠诚"和"高贵"，消极的含义为"悲伤"和"沮丧"。例如，feel/look blue 用来描述一个人情绪低落，翻译为"面容沮丧；令人悲观"，blue blood 指的是出身高贵的人。

（5）绿色与 green

在中西方文化中，"绿色"是生命的颜色，是青春和活力的象征。但是，不同之处在于，在西方文化中，green 还用来表达"嫉妒"和"缺乏经验"等。比如，英语短语 be green with envy 表示"羡慕极了"；green-eyed monster 表示"红眼病"；green hand 指的是"新手"。

3. 基本颜色词的隐喻认知差异

隐喻是一种以认知者的物质体验为基础，由始源域到目标域之间的映射构成的认知者与外部世界的认知联系。当人们用颜色的基本范畴去表达和解释其他认知域的范畴时，便形成了颜色隐喻认知。近年来，有关颜色的研究很多，但多数集中在色彩文化象征意义的阐述上，鲜有学者对色彩的隐喻认知结构进行系统的深度分析。基于这一背景，下面旨在从认知的角度对英语基本颜色词进行研究。关于颜色的基本词汇，人类学家柏林和凯经过跨文化的比较，调查发现基本颜色词的发展是渐进有序的，呈现出黑/白＞红＞黄/蓝/绿＞粉红色/橙色/紫色/灰色的趋势。下面选择红色是因为红色的色调饱和度最高并且最能引起强烈的心理刺激反射，并且红色也是汉语中的焦点颜色词之一。[1]

---

[1] 李爱华. 基本颜色词隐喻认知对比研究——以"红"和"red"为例 [J]. 湖北经济学院学报（人文社会科学版），2014,11（9）：122-123.

（1）"红"和 red 语义认知建构

①颜色域到人体域的映射。最醒目的红色可以刺激神经,引起兴奋的情绪。相似联想是事物间隐喻过程的本质所在。由于人的心理情绪变化会导致血液上涌而呈现于面部,其表征与"红"色具有物理上的相似性,所以人体就成了颜色词域映射的重要对象之一。例如:

丈夫和儿子吵架,妈妈难过得红了眼。

这对夫妻恩爱有加,结婚十几年从来没有红过脸。

He seems happy, red in the face, and laughing at something.

His eyes were getting red with eargly looking for the money.

由上述例句可以看出,从颜色域到人体域的映射的真正目的不是仅描述人体部位的颜色,而是转指其相关联的含义。

②颜色域到非人体域的映射。除了人体域之外,其他非人体域由于在颜色上的表征和心理意象上与"红"的表征和心理意象相似,所以"红"这一颜色本意还可以映射到非人体域的客体上来表示不同含义。例如,"红利"是指分给个人的额外报酬,这主要是由于人们收到报酬后心情高兴激动,这种心理反映的颜色特征和红色本域相吻合。"红尘"主要是指"繁华的社会",这是由于马路上人多,行走会引起尘土飞扬,这与人世间的繁华景象具有相似性。其他相似性的表达还有:

周杰伦是台湾当地当红创作歌手。

这部电影里,张曼玉是他的红颜知己。

家里的日子过得红红火火。

（2）"红"和 red 隐喻认知比较

①"红"和 red 隐喻普遍性的认知理据。体验哲学是认知语言学的哲学基础,它强调以身体经验和认知加工为出发点来研究范畴、概念、推理、语言等的形成过程。人类的概念、范畴、推理和心智的客观现实不是镜面反射,而是根据人们的身体经验所形成的。由于人类常把自身经验作为衡量周围世界的标准,所以人类往往根据自身的生理心理特点以及社会文化形态等因素对现实世界中的颜色特征进行动态处理,这就形成了颜色隐喻。尽管不同的文化语言选择了不同的描述来显示图像色彩,但并不表明它会逃离由人类身体和环境及其相互作用所决定的那个无意识的体验哲学框架。科学已经证明,除了色盲,人类视觉系统观察色彩在生理上没有什么区别,不同的文化和不同的人对颜色的感知并无区别,这就构成了汉语和英语中颜色词汇存在重合联想的物质基础和心

理基础。

在长期的人类生活生产劳动中,为了使颜色具体化,大家都会选择人们所共同熟知的物体来作比喻,随着时间的推移,它们就成为常规、易于理解和使用的颜色词汇。颜色隐喻表达普遍性的依据在于其体验性基础。英汉语言就显示着一致性,如"桃红(peach pink)""血红(blood red)""乳白(milk white)""雪白(snow white)""炭黑(charcoal dark)""漆黑(pitch dark)""天蓝(sky blue)""金黄(golden yellow)""蜡黄(waxy yellow)""草绿(grass green)"等。

关于红色,无论在中国还是在讲英语的国家,它通常和庆典或节日有关。在中国,几乎所有重大节日和场合都会用红色的东西来增强喜庆节日气氛。在中国的传统婚礼上,新娘会盖红盖头,穿红色的嫁衣,做红色的轿子,这预示着婚后的生活过得红红火火。如果新出生的宝宝满月,主人会向亲朋好友派送红鸡蛋,以庆祝即将到来的新的生活。春节里,长辈给孩子们送的红包,单位领导派送给员工的红包都预示着新年好运气、幸福吉祥。英语中的 red 也经常用于庆祝活动,意思是指"喜庆、节日、可以纪念"。英语国家的人常把圣诞节等节假日称为 red letter days。英语中的 red 还有"健康,面色红润"的意思,这与汉语又不谋而合,如"一位红光满面、神采奕奕的小伙子"用英语表述为 a young fellow, with a face as red as a rose。

②"红色"和 red 隐喻认知的差异性。人们日常生活中的隐喻植根于文化的土壤,与文化密不可分。Wu 认为:"文化就是语言社团编织历史的隐喻丝线。文化本身就是一个综合隐喻。隐喻决定了我们人生观中的文化,它是唯一能融合文化冲突,使世界走向崭新共同未来的方式"。[①] "红"在《现代汉语词典》中的第 3 条释义是象征顺利、成功或受人重视、欢迎,如"红运""开门红""满堂红""他唱歌唱红了"等。第 4 条释义是象征革命或政治觉悟高,如"又红又专""红军""红旗""红色根据地""红色政权"等。又由于中国人尤其爱红色,就产生了不少汉文化所特有的颜色隐喻,如"红运"隐喻"好运";"红人"隐喻"受宠信、受重用的人";"红榜"隐喻"光荣榜";"红心"隐喻"革命或进步的品质";"红娘"隐喻"热心于促成别人美满姻缘的人"等。在英语中,red

---

① Wu Kuang-Ming. On Metaphoring: A Cultural Hermeueutic[M]. Leider/Beston/koln: Brill, 2001: 2.

通常带有贬义的文化意义,预示着潜在的危险、极端的热情等情况。美国学者阿恩海姆在他的《色彩论》中说:"色彩能有力地表达情感。红色被认为是令人激动的,因为我们想到火、血和革命的含义。"例如 red in tooth and claw 意味着"残酷无情、血淋淋、绝不容情";a red rag to a bull 意思是"激起人怒火的事物";red revenge 意思是"血腥报仇";red hands 意思是"血腥的手,杀人的手";be in red 表示"负债、亏空";red alert 表示"紧急报警"。

通过对英汉"红"和 red 颜色隐喻比较分析可以看出,人类对颜色的认知是逐步发展起来的,表达冲突和心理相似性是颜色隐喻构成的两个基本条件。英汉两种语言由于具有相似的体验哲学基础,其颜色隐喻表述就存在了很多共同之处。但同时又由于受不同的风俗习惯、文化社会环境和历史背景等因素的制约,使英汉颜色隐喻"红"和 red 的语义范畴也不尽相同。

(二)英汉颜色词的翻译技巧

1. 直译

在英汉两种语言中,色彩词的概念意义基本对应,对于英汉语中意义相近的色彩词,可以采用直译法,以保留原文的意象和情感色彩。

例如,在汉语中,常用"红"来形容喜庆、吉祥的事物,如"红头文件""红榜"等。在英语中,red 也具有类似的象征意义,如 red carpet(红地毯)通常用来表示尊贵和荣誉,与汉语中的"铺红毯"相呼应。此外,在英汉两种语言中,"绿"常常与生命、希望、和平等概念相联系,如 green leaf(绿叶),green tea(绿茶)等。

再如,在曹雪芹的《红楼梦》第五回中,有诗句"将那三春看破,桃红柳绿待如何?"翻译成英语便是:"She will see through the three Springs/And set no store/By the red of peach-blossom, the green of willows."这里的"桃红柳绿"被直译为 the red of peach-blossom, the green of willows,既保留了原文的意象,又传达了原文的情感色彩。

2. 增添色彩词意译

在翻译过程中,译者有时会遇到一些情况,即原文中并未直接使用色彩词,但在译文中增添适当的色彩词可以使表达更加生动、准确和富有感染力。

例如,大怒(see red)这一表达,在英语中,see red 通常用来形容某人大怒或极度愤怒的状态。这里的 red 作为色彩词形象地描绘了愤怒时面红耳赤的情景,使表达更加生动。在翻译时,如果原文中未使用色彩词,译者可以根据这一表达习惯,适当增添"红"字,使译文更加贴合原文的意义。再如,"新手"这个词通常被翻译为 green hand。这里的 green 就是一个色彩词,它巧妙地传达了新手在经验、技能方面的不足,同时也带有一种生机勃勃、充满潜力的意味。这种翻译方式不仅准确传达了原意,还使表达更加生动、形象。又如,负债(be in the red)这个表述,在英语中,be in the red 通常用来表示某人或某机构负债或亏损的状态。这里的 red 作为色彩词,象征着亏损或负债等负面意义。

3. 删减色彩词意译

虽然直译法能保留原文的形式和词汇,有时却无法准确传达原文中的色彩词所蕴含的文化内涵和情感色彩,导致读者对原文产生误解或扭曲理解。例如,在汉语中,"黑心肠"并非指心脏的颜色,而是用来形容一个人的心肠恶毒、阴险。同样,在英语中,a black look 也并非黑色眼神,而是用来形容愤怒、不满的表情。这种情况下,如果坚持直译,不仅无法传达出原文的含义,还可能会让读者产生困惑。再如,"红榜"在汉语中是指用来公布优秀成绩或表扬的榜单,通常与荣誉、优秀等词汇联系在一起。在英语中,相应的表达是 honor roll。虽然"红榜"的字面意思是红色的榜单,但在翻译时更多的是关注其背后的含义,即优秀和荣誉,而非具体的颜色。

4. 改换色彩词意译

在语言的海洋中,色彩词汇的运用往往丰富多样,它们不仅能描绘出五彩斑斓的世界，还能通过隐喻、象征等手法，传达出丰富的情感和思想。然而，由于不同文化和语言之间的差异，有些色彩词汇在实际应用中可能会产生一些有趣的现象，如改换色彩词意译。

汉语中经常会遇到一些与英语色彩词汇看似对应，但实际上意义大相径庭的例子。比如，black tea 在英语中指的是一种发酵程度较高的茶，而在汉语中则称为"红茶"。这种翻译方式看似简单直观，但实际上却忽略了两种语言背后所蕴含的文化内涵。再如，black and blue 这个短语在英语中通常用来形容皮肤上出现的青紫色瘀伤，形象地描述了受伤后皮肤所呈现出的颜色。但在汉语中并没有直接对应的词汇来表达这一概念。如果直译为"黑色和蓝色"，那么就会让人感到困惑不解。因此，汉语中通常会采用意译的方式，将其翻译为"青一块，紫一块"，这样既能保留原意，又能让汉语读者更容易理解。

"红运"在汉语中指好运、顺利，而在英语中并没有直接对应的含义。因此，在翻译时，译者更倾向于使用 good luck 来传达"红运"的含义。同样，red battle 在汉语中指血战、激烈的战斗，而在英语中，译者更倾向于使用 bloody battle 来传达相同的概念。

二、跨文化传播视野下的英汉数字词翻译

（一）英汉数字词的差异

1. 数字词的认知观念差异

英汉语对数字的认知观念上存在着显著的差异，这些差异在一定程度上反映了两种文化的深层价值观和世界观。

在中国传统文化中，"天人合一"这一核心思想强调人与自然界的和谐与统一。在这种思想的指导下，中国人倾向使用偶数，并将其视为好运和和谐的象征。例如，在中国的婚礼中，人们通常选择偶数的日子作为吉时，以期望新婚夫妇能够过上和谐美满的生活。此外，汉语中还有很多与偶数相关的成语和表达方式，如"好事成双""双喜临门"等。

在英语中，数字的认知观念却与汉语大相径庭。西方人普遍认为人

与自然的关系是征服与被征服的关系,这种思想也在数字运用中得到了体现。例如,在西方文化中,数字 two 被认为是不幸的象征,人们将 2 月 2 日定为哀悼死者的日子;人们在日常生活中尤其是在送花时,通常会避免选择偶数数量的花朵,而选择奇数。值得注意的是,数字 13 在西方文化中也是一个特殊的存在,被认为是不吉利的数字。

英汉语对数字的认知观念差异不仅体现在对偶数和奇数的看法上,还体现在对数字的整体认知上。在汉语中,数字往往被赋予了丰富的象征意义和文化内涵。数字 8 在中国文化中被认为是吉祥的数字,因为它与"发"字谐音,寓意着发财和好运。但是在英语中,数字的象征意义相对较少,更多的是作为一种计数和测量的工具。

2. 具体数字词内涵差异

(1)"二"与 two

在汉语中,数字"二"作为偶数之首,拥有独特的文化地位。受道教和佛教的影响,中华民族自古便对偶数怀有深厚的喜爱,认为偶数代表圆满和和谐。但是,尽管偶数在整体上受到青睐,数字"二"本身在汉语中的使用并不频繁。在日常用语中,人们更倾向于使用"两"或"双"来代替"二",如"成双成对""两面三刀""两情相悦"和"两小无猜"等。

与汉语数字"二"相比,英语数字 two 在文化上更加复杂多样。在英语文化中,two 并不总是被认为是吉祥的数字。

①代表赞赏或积极,如 two can play at one game(这一套你会我也会),体现对竞争和能力的重视。

②用于表达贬义或警示,如 two of a trade never agree(同行是冤家),two wrongs don't make a right(不能用别人的错误来掩盖自己的错误)等。

此外,two 在英语中还有许多有趣的俚语和习惯用法,如 kill two birds with one stone(一石二鸟;一箭双雕);two's company, three's none(两人成伴,三人不欢);stick two fingers up at somebody(指对某人很生气,或不尊重某人、某事)等。这些表达不仅丰富了英语的词汇,还反映了英语文化中对数字 two 的独特理解和运用。

（2）"四"与four

在汉语中，"四"的发音与"死"相同，因此数字"四"常常被认为不吉利，这种观念影响了人们在日常生活中的各种选择。无论是购车、购房还是选择手机号码，人们往往都尽量避免数字"四"，这种对"四"的厌恶源于一种文化传统和心理暗示。但是，如果我们查看历史会发现"四"在中国传统文化中原本是带有积极意义的。在道教中，"道、天、帝、王"被认为是四大天王；在佛教中，物质世界的四大元素为"水、土、火、风"；儒家以"孝、悌、忠、信"为四德。此外，汉语中"四"不仅用于计数，还常用来形容事物的性质和状态。比如，"四面八方"用来形容方位的广阔，"四季如春"用来形容气候的宜人，"四书五经"用来指代古代的经典文献。

"四"在俗语中往往与"三"一起使用，表示贬义。比如，"说三道四"指的是说话不负责任，随意编造；"七个铜钱放两处——不三不四"用来形容做事不伦不类、不成体统。

在英语中，four具有丰富的文化内涵和历史背景，最基本的含义是表示物质世界的四个要素。在英语中，four常代表稳定性、完整性和全面性，如英语习语the four corners of the earth中four被用来形容地球的四个角落，表达空间的广阔和完整性。此外，four在英语中还常用来表达季节、方位和时间等概念，如four seasons指的是春夏秋冬四个季节，four directions指东、南、西、北四个方位。

（3）"五"与five

在汉语中，数字"五"具有深厚的文化内涵和广泛的影响力。在中国古代，五行学说被认为是自然界的基石，包括金、木、水、火、土五种元素，这五种元素相互制约、相互依存，形成了一个动态的平衡。金克木、木克土、土克水、水克火、火克金，同时又存在金生水、水生木、木生火、火生土、土生金的相生关系。这种相生相克的关系体现了汉民族的辩证思维，也为中国哲学思想提供了丰富的素材。与数字"五"相关的说法层出不穷，涵盖了生活的方方面面，如五脏指心、肝、脾、肺、肾，是人体内部的重要器官；五谷指黍、稷、麦、菽、稻，是古代中国人的主要食物来源；五味包括酸、甜、苦、辣、咸，是食物的基本味道；五音指宫、商、角、徵、羽，是古代音乐的基本音阶；五度包括分、寸、尺、丈、引，是古代长度单位的表示；五官指耳、眉、眼、鼻、口，是人体的感觉器官；五毒指蛇、蜈蚣、蝎子、壁虎、蟾蜍，是民间传说中的五种有毒动物。

数字"五"也往往与其他数字并用,并形成了一些固定的表达,如"五湖四海"表示全国各地,"三皇五帝"指中国古代传说中的几位杰出君主,"五花八门"形容花样繁多、变化多端。

在汉语文化中,数字"五"常常带有积极的寓意,然而由于其发音与"无"和"乌"相近,部分人群对此数字产生负面情绪,古代谚语"善正月,恶五月"即表达了这种观念。自周代起,社会上流行一种观念,即认为在五月五日出生的男孩不吉利,因此该日期被视为不祥的禁忌。然而,随着时代的演进和人们思想观念的开放,对于数字"五"的禁忌现象正逐步淡化。

相较于汉语中的数字"五",英语数字 five 的文化含义显得更为单纯。在西方文化体系中,five 通常不被视为一个吉祥的数字,这在一定程度上可追溯到英语中与之相关的习语不多。然而,与数字 five 紧密相关的星期五在英语文化中却承载着多种含义和用法,这主要源于西方人的基督教信仰。由于耶稣在星期五被罗马当局钉死于十字架,这天在基督教中被视作耶稣受难日,如 Black Friday 用来指代股市崩盘的日子,而 Man Friday 则用于指代男性的助手或仆人。

(4)"六"与 six

在汉语中,数字"六"因其发音与"流"相近,代表吉祥、和谐。这种观念在日常生活中随处可见,如农村地区常常选择在农历的初六、十六、二十六等日子举行婚礼,寓意着婚姻美满、长长久久。此外,在汉语中还有众多包含"六"的四字习语,如"六六大顺""六合同风"等都表达了对和谐、顺利生活的向往。

相比之下,英语中的数字 six 则常带有负面的文化寓意。在西方文化中,与 six 相关的日期或事件常被认为是不祥之兆。例如,美国前总统肯尼迪被暗杀的日子是 11 月 22 日,这几个数字相加恰好等于 6;耶稣受难的星期五(Friday)的字母数之和也是 6。这些巧合使 six 在西方文化中沾染上了不吉利的色彩。此外,英语中也有一些与 six 相关的习语,如 six of best(一顿毒打),six and two three(不相上下)等,它们往往带有贬义或消极的含义,进一步加深了 six 在西方文化中的负面形象。

(二)英汉数字词的翻译技巧

1. 精确数字的翻译

精确数字往往包含着信息,因此译者在翻译时需要确保高度的准确性和精确性。例如,英语中的"1 000"应翻译为汉语的"一千",这种直接对应的翻译方式有助于保持数字的精确性和准确性。但是,由于英汉两种语言在数字表达方式和习惯用法上存在差异,译者需要依据目标语言的表达习惯来进行灵活调整。例如,英语中的大数字通常使用thousand, million 和 billion 等单位进行表达,而在汉语中则往往使用"万""亿"等单位。因此,译者需要根据目标语言的习惯用法进行适当的转换。

2. 概数数字的翻译

概数数字有着独特的灵活性和多样性,因为概数数字本身便具有模糊性和不确定性,译者在翻译时需要根据具体的语境和表达需求来选择最为合适的翻译策略。例如,译者可以采用目标语言中的概数表达方式,即译者需要深入了解目标语言的表达习惯,以使译文更加地道和自然。例如,英语常使用several(几个)、a few(少数几个)或 hundreds of(数百)等词语来表示概数;而汉语中则使用"若干""几个""数百"等词汇来传达相似的概念,这样可以确保译文的准确性和流畅性。

3. 数字缩略语的翻译

数字缩略语具有丰富的内容或多层意义,这类词汇虽然简洁、生动、活泼、独特,但承载着大量需要传达的信息。

(1)数字缩略语直译

直译是数字缩略语翻译的一种重要形式,它通过直接翻译数字来形成缩略语,从而能够简洁明了地表达原本复杂的概念或信息。数字缩略语直译的特点在于其直观性和易记性,该方式主要是将数字与特定概念或词汇相结合,如"3D"代表"三维","4K"代表"超高清分辨率","5G"代表"第五代移动通信技术"等。这些数字缩略语在各个领域都有广泛的应用,不仅方便了人们的交流,还推动了相关技术的发展。

例如,在科技领域,"AI"代表"人工智能",这个缩略语已经深入人心,成为科技发展的一个重要标志。在医疗领域,"CT"代表"计算机断层扫描",它简化了医学术语,使医生和患者之间的沟通更加顺畅。在娱乐领域,"VR"代表"虚拟现实",这个缩略语的出现极大地推动了虚拟现实技术的发展和普及。此外,数字缩略语直译还广泛应用于日常生活中的各种场景。比如,"Wi-Fi"代表"无线局域网","ATM"代表"自动取款机","PM2.5"代表"细颗粒物"等。这些数字缩略语的出现不仅方便了人们的日常生活,还提高了社会的运行效率。

(2)直译加译注

数字缩略语在政府工作报告中可以传达丰富的信息,有时直译和意译的方法并不能准确有效地传达信息,还可能造成译文过于烦琐,在这种情况下,可以采用直译加注释的方法,一方面可以保持译文简洁,另一方面有助于读者理解原文和译文,从而达到更好的表达效果。例如:

三大攻坚战开局良好。

(2019年政府工作报告)

The three critical battles got off to a good start.(This refers to the battles against potential risks, poverty and pollution)[①]

在译文中"三大攻坚战"直接译为 three critical battles。译者在后面加上 This refers to the battles against potential risks, poverty and pollution 这一注释,三大攻坚战是指防范化解重大风险、精准脱贫、污染防治,直译加注使译文不至于过分烦琐,同时也能让目的语读者更好地理解和接受。

---

① 2019政府工作报告[EB/OL]. 2019-3-5. https://www.docin.com/p-2341247151.html

第四章 跨文化传播视野下的英汉语言交际翻译

语言作为一种交际工具在人们的交往过程中是不可或缺的。由于英汉语言各自承载着不同的文化发展背景,因此形成了各具特色的语言交际体系。在交际过程中,英汉人名、地名、称谓语、委婉语等因蕴含着丰富的文化内涵,对交际效果产生了一定的影响。因此,本章便对跨文化传播视野下的英汉语言交际翻译进行深入探讨。

第一节 跨文化传播视野下的英汉人名翻译

一、英汉人名的差异

(一)中西姓名结构差异

英语和汉语的姓名结构呈现出明显的区别。在英语姓名中,如William Shakespeare,个人的名字先于家族的姓氏出现,William是人名,Shakespeare是姓氏。相反,汉语姓名的顺序为"姓在前,名在后",如白居易、王安石、雷锋等。这种不同的排序方式不仅体现出两种语言的独特性,更深层次地揭示了中西方文化在对待姓名和身份认知上的差异。

英语的个人名字通常由三部分组成,包括教名(the Christian name/the first name/the given name)、中间名(the middle name)以及姓(the family name/the last name）。以 Eugene Albert Nida 为例，Eugene 为教名，Albert 为中间名，而 Nida 则是姓。然而，在实践中，中间名常常只使用首字母表示，或者直接省略，如 Eugene A. Nida 或 Eugene Nida。这种简化的表达方式在英语国家极其常见，既便于书写，又符合常规语言习惯。

相比之下，汉语姓名的构成相对简单，一般由姓和名两部分组成。姓是家族传承的象征，代表着血缘关系和宗族延续。在中国传统文化中，姓氏的功能不仅在于续血统、别婚姻，还承载着家族的荣誉和尊严。名字则多由长辈、父母或亲属取的，寄托着长辈、父母或亲属对子女的期望和祝福。

英语国家的人多信奉基督教，因此孩子的名字往往与宗教紧密相关。孩子出生一个星期左右，父母会抱着孩子去教堂做洗礼仪式，并由父母、牧师或亲友为其起一个名字，即教名。[①] 这个教名通常来自古代圣人、《圣经》或神话中的人物，寓意着对孩子的祝福和期许。另外，英语姓名中还有一些缩写形式，如 Tony Blair 是 Anthony Charles Lynton Blair 的缩写，这种缩写形式在英语国家也很常见。

在英语国家的学校里，称呼同学时一般只用名而不用姓，这是对个人独立人格的尊重和个性精神的体现。但是，近些年，英语国家的人们开始意识到姓名的重要性，因此在一些正式场合或文献中也开始使用姓在前、名在后的写法，这种变化反映了社会对个人身份的尊重。

与英语国家不同，中国的传统观念认为宗族的延续高于一切，因此在汉语姓名中，代表宗族的姓要比名重要得多。这种观念体现了中国社会对家族和血缘关系的重视以及对家族荣誉和尊严的维护。

（二）中西取名方式差异

英汉两种语言在取名方式上各自有着独特的传统和习惯，反映了各自文化、历史和价值观的深厚底蕴。

英语人名通常是教名和中间名的结合，这种命名方式源远流长，蕴含着丰富的文化内涵。首先，许多英语人名直接来源于基督教的《圣经》，如 Daniel（丹尼尔），John（约翰）等，这些名字承载着宗教的庄

---

① 成昭伟，周丽红. 英语语言文化导论[M]. 北京：国防工业出版社，2011：59.

重和神圣。其次,古希腊、古罗马神话中的人物名字也被广泛采用,如 Helen（海伦）、Diana（戴安娜）等,这些名字散发着古典艺术的韵味。另外,自然界中的事物、知识、权威、声誉等也是英语人名的重要来源,如 Linda（琳达）、Agnes（阿格尼丝）等,这些名字体现了对自然和知识的敬畏与追求。最后,历史人物和亲朋的名字也是英语人名的重要来源,这种命名方式使许多人与其父辈、祖辈的名字重复,体现了家族的传承和血脉的延续。

尽管英语人名的起源多种多样,但常见的人名相对有限且频繁重复。20 世纪 80 年代,十大最常用的男性名字依次为 John, James, Charles, Henry, David, William, Robert, Andrew, Richard 和 George。女性名字则主要包括 Mary, Jane, Louise, Anna, Elizabeth, Helen, Sarah, Margaret, Lucy 及 Dorothy。这些名字不仅在英语国家中普遍使用,其认知度也跨越了全球,起着促进跨文化交流的重要作用。

相比之下,中国古代的姓名制度则更为复杂。中国古代完整的姓名应包括姓、名、字、号四个部分,每个部分都承载着不同的意义。姓主要用于区分一个人所属的氏族血统,如"赵""钱"等;名通常表达着父母等长辈的寄托和希望,如"孟母三迁"的故事中孟母为儿子取名"孟轲",寓意其品德高尚;字是对名的内涵的补充和延伸,如孔子的学生颜回,字子渊;号则是对字的进一步解释,多用于自我激励,如李白的号"青莲居士"。

现代社会中的中国人名则相对简化,一般包括姓和名两个部分。中国人的名字来源也多种多样,如孩子的生辰八字、出生时间、天气状况、排行顺序、父母的名字、出生地点、重大事件等都可以成为命名的依据。这些名字不仅体现了家族的传承和血脉的延续,也反映了父母对孩子的期望和寄托。

二、英汉人名的翻译技巧

（一）归化与异化结合译

归化法指的是将人名按照目标语言的文化习惯进行翻译,使其更贴近目标读者的语言习惯。异化法指的是保持人名的原貌,尽可能保留源语言文化的特色。在翻译作品时,归化法往往会导致中西人名中的文化差异被抹杀掉,使人名失去了原有的文化韵味,造成中西人名文化氛围的不协调。例如,Tolstoy被翻译为"托尔斯泰",而不是"陶师道",这不仅保留了人名的原有形式,又传达了源语文化的独特魅力。因此,人名翻译应该注重归化与异化的结合,译者需要根据具体的人名、语境和文化背景综合考虑,选择最合适的翻译策略。

（二）"约定俗成"译

事物的名称往往受到人们意向的影响,经过长期的实践和传承,逐渐形成了一种"约定俗成"的命名方式。这一原则在历史名人的人名翻译中体现得尤为明显。这些译名在历史的长河中逐渐沿袭运用并保留下来,成为具有独特文化内涵和历史背景的符号。

赛珍珠（Pearl S. Buck）与萧伯纳（George Bernard Shaw）等历史人物在中国拥有深入人心的译名,这些译名不仅代表了他们的个人特色与成就,还蕴含着丰富的历史与文化内涵。这种广为人知的命名方式不仅便利了人们的沟通,更体现了人们对历史的尊重与传承。翻译人名时,译者不能仅依赖于广泛接受的译名,更应遵循一定的规范与标准。为了维护译名的统一,应遵循国家颁布的译名规范,确保译名的准确性。例如,George Bush被译为"乔治·布什",不仅遵循了语言的规范,又准确传达了原名的音韵与意义。

（三）同名同译

受历史、社会、文化背景以及个人理解等多种因素的影响,同一人名或术语在不同翻译中往往出现不同的译名,这种现象被称为"同名不同译"。这不仅给读者带来了困惑,也在一定程度上削弱了翻译的传播效果。因此,同名同译成了翻译实践中追求的一个理想状态。

以法国作家Stendhal为例,他的作品《红与黑》在世界文学史上享有盛誉。然而,在中国,这位作家的译名却存在多种版本。《辞海》中将其翻译为"司汤达",《中国大百科全书》中翻译为"斯丹达尔",而《外国历史名人辞典》中则采用了"斯汤达"的译法。这种译名的不统一对于读者来说,无疑增加了理解和记忆的难度。

第二节　跨文化传播视野下的英汉地名翻译

一、英汉地名的差异

（一）汉语地名来源及内涵

中国地名不仅是一个简单的符号或标识，更是一个蕴含着丰富历史文化内涵和人们美好愿望的重要载体，往往承载着深厚的历史文化内涵和人们对美好生活的向往。

（1）方位与位置

在中国，许多地名直接来源于方位和位置，如河南、河北，分别指代黄河的南部和北部；湖南、湖北则是以洞庭湖的南北来命名。另外，地名中还常见阴阳的概念，如山南为阳、山北为阴，但是水则恰好相反。这些地名反映了我国古人对方位和位置的深刻认识，也为今天的人们提供了研究历史地理的重要线索。

（2）动植物

动植物作为自然界的重要组成部分，也为中国地名提供了丰富的灵感。凤凰山、鸡公山、奔牛镇等地名都是以动物命名，但是桂林、樟树湾、桃花庄等地名则是以植物为灵感。这些地名不仅富有诗意，也反映了我国古人对自然环境的敬畏和热爱。

（3）姓氏与名字

中国许多地名是以姓氏或名字来命名的，如李家湾、石家庄等地名都是以姓氏来命名，中山市、左权县等地名则是以人名来命名，旨在纪念一些重要的历史人物。

（4）美好愿望

中国地名中还有一些字眼直接表达了人们对美好生活的期盼和祝愿，如万寿山、万福河等地名寄托了人们对长寿和幸福的渴望，富裕县、永昌县等地名则表达了人们对财富和繁荣的追求。

（5）形状特征与矿藏物产

中国一些地名还因其形状特征或矿藏物产而得名,如黄河因其水中含有大量泥沙而得名,五指山因其形状如五指而得名,铁山、盐城等地名则直接反映了当地的矿藏和物产资源。

（6）移民故乡

在中国历史上,由于各种原因,人们不得不背井离乡,迁移到新的地方生活,这些人在新的居住地常常用原故乡的地名来命名新的居住地,以表达对故乡的怀念和眷恋,如北京大兴凤河两岸的长子营、霍州营等地名原本都是山西的县名,这些地名的迁移不仅是对故乡的怀念和眷恋,也是对我国古代人口迁移历史的重要见证。

（7）社会用语

中国还有一些地名直接来源于社会用语,如怀仁山、秀才村等地名都是直接采用了社会上的用语来命名,这些地名不仅富有时代特色,也反映了当时社会的风貌和人们的价值观念。

（二）英语地名来源及内涵

西方地名的命名方式多种多样,这些命名方式往往源于多个方面,包括方位和位置、动物、姓氏和名字、美好愿望、形状和特征、矿藏和物产、河流和湖泊以及移民故乡等。

（1）方位和位置

西方许多国家的名字都源于其地理位置或相对于其他国家的方位。例如,南斯拉夫这个名字中的"南"指方位,但是"斯拉夫"则是东欧的一个语系,表达了这是一个位于南方的、讲斯拉夫语的国家。

（2）动物

许多地名都是以某种动物命名的,这些动物是该地区的特有物种,例如,澳大利亚的袋鼠岛因为岛上袋鼠众多而得名,葡萄牙的亚速尔群岛则因海鹰众多而得名。

（3）姓氏和名字

西方许多地名都源于某个人的名字或姓氏,这些人是该地区的早期定居者,或是历史上的重要人物。例如,美国的威斯康星州首府麦迪逊就是以美国第四任总统詹姆斯·麦迪逊的名字命名的;麦哲伦海峡则是以葡萄牙探险家费尔南多·麦哲伦的名字命名的。

除了以上几种命名方式,美好愿望、形状和特征、矿藏和物产、河流和湖泊以及移民故乡等也是地名命名的重要来源。例如,太平洋的名字就寓意着人们对和平的向往;荷兰的名字源于其低洼的地理特征;盐湖城是因为附近的大盐湖而得名;美国的许多地名,如纽约、新英格兰、新奥尔良等,则源于移民对故乡的怀念和回忆。

二、英汉地名的翻译技巧

（一）音译

音译是一种重要的翻译方式,译者在翻译地名时常运用音译法。例如,中国许多省市县地名都用音译法翻译,目的是方便国内外游客的识别,也有助于中国文化的传播。例如,福建省为 Fujian,天津市为 Tianjin。然而,在音译过程中需要注意一些问题。有些地名在写成拼音形式时容易混淆,这时就需要使用隔音符号进行分割。比如,西安市被音译为 xi'an,建瓯市被音译为 Jian'ou,兴安盟被音译为 Xing'an,东阿县被音译为 Dong'e。隔音符号的使用不仅提高了音译的准确性,也避免了误解和混淆。

在英语地名的翻译中,音译法也被广泛应用。为了保证中西地名翻译的准确性,同时保留源语文化的底蕴,西方很多地名也采用了音译方法。例如：

意大利的比萨城 Pisa

德国的柏林市 Berlin

（二）意译

有的地名寓意着美好愿景,有的展示了富饶物产,还有的凸显了浓郁的地域特征。为了更好地传达这些地名所蕴含的深刻内涵,翻译时常常需要借助意译法,让目标语读者也能领略到原名的魅力。

以汉语地名为例,许多地名都蕴含着美好的愿景。例如,"长城"被翻译为 The Great Wall,其中的 Great 一词强调了长城的雄伟壮观,凸显了其在人类历史上的重要地位。同样,"牛尾海"被翻译为 Port Shelter,其中的 Shelter 一词传达了牛尾海作为天然良港的安全避风之意。此外,"象鼻山"被译为 the Elephant Hill,这种翻译方式不仅保留了地名的形象特征,还使英语读者能够直观地感受到其独特的地理形态。

在英语地名中,同样存在着音译难以传达内涵的情况。此时,意译法则成为一种有效的翻译手段。例如,Mount Alabama 被翻译为"阿拉巴山",这种翻译方式不仅保留了地名的音译,还通过添加 Mount 一词明确了其作为山脉的地理特征。同样,Great Island 的翻译突出了该岛屿的伟大与独特,North York Shire 则清晰地表达了其位于约克郡北部的地理位置。

此外,地名中还常常包含数字、人名等元素,这些元素在翻译时也需要考虑其文化内涵。例如,Three Lakes(Wash.)被翻译为"三湖村(华盛顿)",这种翻译方式既保留了地名的数字特征,又明确了其所在的州。Prince of Wales Island(Alaska)的翻译则体现了该岛屿与威尔士王子的历史渊源。

第三节　跨文化传播视野下的英汉称谓语翻译

一、英汉称谓语的差异

(一)中西职务称谓文化差异

中国文化中的职务称谓丰富多样,几乎每一个职务都有独特的称呼,体现了汉语的精确性和细致性。无论是学校的校长、教导主任还是机关单位的科长、部长,每一个职务都有与之对应的明确称谓。这种称呼方式不仅避免了混淆,也反映了中国社会对职务和地位的尊重。例如,学校校长通常被称为"姓+校长",如"张校长",教导主任被称为"姓+主任",如"李主任"。这种称呼方式既体现了职务的层级关系,也体现了对职务持有者的尊重。

相比之下，西方文化中用于职务称呼的词语相对较少，并且相对较为模糊。在西方国家，只有高级官员如部长、总理、总统等才会被用职务称呼。例如，美国的总统被称为 Mr. President，但是英国的首相则被称为 Mr. Prime Minister。另外，宗教领域内的宗教首领如主教、神父等也会被用职务称呼。在其他职业领域，如教师、律师、会计师等，通常不会直接用职务来称呼。在美国，一位教师通常被称为"Mr./Ms./Dr.+ 姓氏"，而不是"Teacher+ 姓氏"。

值得注意的是，尽管西方文化中用于职务称呼的词语相对较少，但在某些情况下一些职业头衔仍然可以用于称呼。例如，医生或拥有博士学位的人通常会被称为"Doctor+ 姓氏"，如 Doctor Smith。另外，在军衔称谓、职称、学位等方面，中西方两种语言还是存在很多共同之处的。例如，无论是中国还是西方国家，都会将博士学位称为 doctor，而将高级军衔如将军、上校等称为 General，Colonel 等。

（二）中西称谓认知理念差异

从称谓认知理念的角度来看，西方文化在对待职务称呼方面展现出截然不同的特点。

在中国文化中，以职务相称非常普遍且流行，这种现象得到了广大民众的接受和认可，反映出一种官本位观念，即通过称呼职务来体现对他人的尊敬。在中国，职务称呼往往与"官职"紧密相关，如在称呼他人时，人们常使用"张局长""李经理"等称呼方式，这既体现了对对方的尊重，也体现了对对方职务的认同。汉民族的称谓文化在很大程度上受到儒家文化的影响，而儒家文化强调"名不正则言不顺"，认为名分和地位对于社会秩序的维护至关重要，因此在汉民族的称谓体系中，职务称呼成了一种重要的社会交际工具，以称呼职务来体现人们在社会中的位置。

相比之下，西方国家的文化也受到基督文化的影响，这种文化强调人人平等、博爱和宽容。西方文化中的人们对待职务称呼的态度则显得更为平等和自由。在西方许多国家，人们普遍认为官职只是一个职业，与社会地位没有太多关系，这在一定程度上是因为英美民族经历封建等级社会的时间相对较短，因此受到等级制度的影响较小。在西方文化中，民主与自由的思想观念深入人心，人们更加强调个性和平等。这种思想在称谓文化中也有所体现,如人们往往使用名字或姓氏来称呼他人,而不是使用带有职务的称呼方式,这种称呼方式体现了对个体平等和自由的尊重,也体现了对人与人之间关系的平等认知。

二、英汉称谓语的翻译技巧

(一)零译策略

零译策略是在翻译时译者选择性地省略某些词汇或表达方式,以更好地适应目标语言的表达习惯和文化背景。译者在翻译汉语敬称和谦称时常常会选择零译策略,以更加贴近英语的表达方式,便于英语读者理解。以"雨村起身也让道,'老先生请便。晚生乃唱造之客,稍候何妨。'"这一句子为例,原文中的"老先生"和"晚生"分别是敬称和谦称。在翻译时,如果直接保留这些称谓,可能会让英语读者感到困惑。因此,译者选择用 sir 和 I 来替换这些敬称和谦称,这样的翻译既遵循了英语的表达习惯,又保留了原文中的尊重和谦逊之意。

(二)直译策略

对于两种文化背景下相同或对等的称谓语,直译策略往往是一个有效且常用的方法,因为这些称谓在各自的语言中都已经形成了约定俗成的表达方式,直译不仅保持了原意,也尊重了各自文化的特色。

以家庭成员的称谓为例,无论是在东方文化还是西方文化中,父母、子女等核心家庭成员的称呼都非常相似。在汉语中,称呼女儿为"女儿",儿子为"儿子",父亲为"父亲",母亲为"母亲"。在英语中,这些称谓也几乎是一一对应的,女儿是 daughter,儿子是 son,父亲是 father,母亲是 mother。这种直译的方式不仅易于理解,也便于记忆。

除了家庭成员的称谓,一些日常生活中的称谓也可以通过直译来进行翻译。比如,"My nephew is a naughty boy." 这句话中的 nephew 在汉语中直接翻译为"侄子",而 naughty boy 则翻译为"淘气的孩子"。这种直译方式既保留了原句的意义,又符合汉语的表达习惯。

(三)直译加注策略

不同文化背景下的人们对亲属关系的称呼存在明显的差异,如果仅采用直译法,有时候很难传达出原意,甚至可能导致误解,这就需要在直译的基础上添加注释,即在保持原意的基础上通过添加注释来明确称谓语的具体含义。

许多汉语中的亲属称谓在直接翻译成英语时可能会显得含糊不清。比如,"内兄"和"内弟"这两个词在汉语中分别指的是妻子的哥哥和弟弟。翻译成英语时,虽然都可以被译为 brother-in-law,但为了避免混淆,通常会在后面加上括号注解,明确指的是 wife's elder brother 或 wife's younger brother。同样,"妹夫"和"姐夫"这两个词在汉语中分别表示妹妹的丈夫和姐姐的丈夫,翻译成英语时也需要在 brother-in-law 后加上具体的注解。此外,对于汉语中的"岳父""公公"和"婆婆"等称谓,直接翻译成英语时也需要进行注解。例如,"岳父"在汉语中指的是妻子的父亲,翻译成英语应为 father-in-law(wife's father);"公公"指的是丈夫的父亲,翻译时应注明为 father-in-law(husband's father);而"婆婆"则是指丈夫的母亲,翻译成英语时应为 mother-in-law(husband's mother)。同样的逻辑也适用于汉语中的"孙女婿"和"岳母"这两个称谓。在汉语中,"孙女婿"指的是外孙的丈夫,翻译成英语时需要在 grandson-in-law 后加上注解 granddaughter's husband;而"岳母"则是指妻子的母亲,翻译成英语时应为 mother-in-law(wife's mother)。

译者可以通过添加解释性词语或调整句子结构等方式,进一步帮助英语读者理解原文的称谓文化。例如,在翻译"小栓的爹,你就去吗?"时,译者可以在句子中添加解释性词语,如"Are you going now, Dad of Xiaoshuan?"以明确"小栓的爹"的身份。同时,调整句子结构也是一种有效的翻译策略,可以避免英语读者对原文的误解。例如,将"里面的小屋里,也发出一阵咳嗽"翻译为"From the small inner room, a fit of coughing was heard."更符合英语读者的阅读习惯。

第四节　跨文化传播视野下的英汉委婉语翻译

一、英汉委婉语的差异

（一）中西传统委婉语对比

1. 关于"老年"的委婉语

在西方社会中，人们普遍对年龄大小的问题持避讳的态度。但与西方社会形成鲜明对比的是，在中国，年龄问题并不属于人们忌讳的内容。

（1）英语中关于"老年"的委婉语

在西方社会，关于"老"的话题往往被视为敏感议题，人们普遍倾向于避免直接提及。由于西方国家面临的"人口老龄化"问题日益严峻，老年人在一定程度上被视作社会的负担。尽管如此，在社交场合中，有时不可避免地需要触及这一话题。为了避免尴尬或影响交际的流畅性，人们通常会采用委婉的表达方式来替代直接提及"老年"。以下是一些英语中常见的关于"老年"的委婉表述。

单词	本义	委婉义
third age	第三年龄	老年，晚年
golden ager	黄金年龄	退休老人
a convalescent hospital	康复医院	养老院
matron	太太	老年妇女

（2）汉语中关于"老年"的委婉语

与西方国家在对待"年老"话题上存在的忌讳态度不同，中国人对此并无避讳，因此在汉语中，与"老年"相关的委婉语较为稀少，仅在书面表达中偶见诸如"夕阳红""华发""鹤发"等词汇。在我国文化中，更倾向于使用褒义词来赞美年长的长者,如"老骥伏枥""老当益壮",这反映了中国人对"老年"并无畏惧之心。相反,我们甚至用充满敬意的称谓来尊称一些老年人,如"您老""李老""王老""老人家""老教授""老总"等。在汉语中,"老"一词往往用以表述一个人经验的丰富,如"老师傅""老革命"等。

2. 关于"死亡"的委婉语

对于"死亡"这一话题,无论是中国人还是西方人,均持有极为忌讳的态度,将其视为典型的禁忌语言。作为生命旅程的终点,死亡是每一个拥有生命的生物都无法回避的必然归宿。长期以来,由于死亡所引发的心理恐惧以及给他人带来的深切痛苦,使人们普遍倾向于避免直接面对和提及这一话题。因此,久而久之,死亡逐渐被社会各界共同视作忌讳之谈。

(1) 英语中关于"死亡"的委婉语

在英语的丰富词汇和表达方式中,人们常常使用委婉语来谈论"死亡"这一敏感话题。这种现象源于对死亡的敬畏、对逝者的尊重,以及在特定语境或社交场合中避免直接和可能的不适。根据不同的背景和领域,与"死亡"相关的委婉用语呈现出多样化的特征,为这个沉重的主题披上了一层柔和的面纱。

在医疗环境中,人们倾向于使用一些医学术语来替代"死亡"。例如,to have gone under 原本是指无法测量血压的状态,但在医院语境中,它被用来委婉地表示一个人已经去世。同样,to go out 在医学术语中意味着失去知觉,但在更广泛的语境中,它被用来暗示一个人的生命已经结束,以一种更为柔和的方式传达了死亡的信息。

航海文化中也有其独特的"死亡"委婉语。在广阔的海洋上,生命与死亡的边界显得尤为模糊。to slip 在航海术语中意味着解开锚链,船只失去控制,但在更深层次的含义中,它象征着船员的离世。而 the last voyage 则以一种诗意的方式,将结束的旅程与永恒的安息相联系,以此来表达"死亡"的概念,既保留了敬畏,又不失温情。

(2) 汉语中关于"死亡"的委婉语

在汉语这一博大精深的语言中,关于"死亡"这一生命终极话题的表达方式,不仅丰富多彩,而且背后蕴含着深厚的文化内涵。从古至今,随着社会的变迁和文化的演进,这些表达方式也在不断地演变和发展。

在中国古代社会,封建等级制度森严,人们对于死亡的表达方式也受到了这种等级制度的深刻影响。对待不同身份地位的人,其死亡的表述方式各不相同,这既是对逝者的一种尊重,也是对社会等级制度的一种体现。其中,皇帝的死亡被尊称为"驾崩",这个词语的每一个字都充满了对皇帝至高无上地位的尊崇。"驾"字象征着皇帝出行的马车,而"崩"字则暗示着天塌地陷般的巨大变故,二者结合起来,不仅体现了皇帝权威的不可一世,也暗示了皇帝驾崩给国家和人民带来的巨大影响。

在当今社会,虽然封建等级制度已经不复存在,但人们对于"死亡"的委婉表达仍然丰富多样。这些表达方式既体现了对逝者的尊重,也体现了人们对生命的敬畏和珍视。例如,"不在了"这一表述方式简洁而直接,表达了逝者已经离开这个世界的现实;"走了"这一说法更加温和,暗示着逝者已经安静地离开了,不再打扰这个世界;"去了"带有一种去向远方的意味,仿佛逝者正在前往一个未知但美好的地方;"去很远的地方了"这一说法进一步强调了逝者离去的距离之远,给人一种永远无法再见的感觉;"回归自然了"则是一种更为哲学化的表述方式,表达了逝者已经回到大自然的怀抱,与万物同归。

除了以上这些常用的表达方式外,还有一些更加具体、生动的例子可以说明汉语中关于"死亡"的表达方式的丰富性。比如,在一些农村地区,人们会用"去了麦城"来形容老人的去世,这是因为"麦城"是一个象征着丰收和富饶的地方,老人去世就像是去了一个充满幸福和满足的地方。在一些文艺作品中,作家会用更加诗意和抽象的语言来描绘死亡,如"化作一缕青烟""融入无边的宇宙"等,这些表达方式既表达了作者对逝者的哀思和怀念,也展现了他们对生命的深刻思考和感悟。

3. 关于疾病与残障的委婉语

鉴于对疾病的恐惧心理,人们在语言表达中创造了一系列与之相关的委婉语。在探讨疾病与残障的话题时,为了避免直接提及,从而减轻对听者的刺激,减少他们的伤感或自卑情结,人们便采用了一系列讳饰婉转的表达方式。

在谈及疾病时,汉语和英语普遍倾向于采用降格陈述(understatement)和模糊(fuzzy)的修辞手法,旨在以更温和、更含蓄的方式表达相关信息,具体如表 4-1 所示。

表 4-1　英语和汉语中关于疾病与残障的委婉语

本义	英语委婉语	汉语委婉语
精神病	mentally disturbed mental trouble nervous breakdown be a little confused have a screw loose	精神障碍 心理疾病
残障	disabled, handicapped, invalid, inconvenienced	失能,行动不便, 丧失工作能力……
愚钝	M. D., slow, exceptional special, underachiever use your loaf(动动脑子) all thumbs(笨手笨脚) bean brain(绿豆脑袋)	迟钝,反应慢,特殊人群, 有先天缺陷
失聪	auditory-impaired hard of hearing slow of hearing	耳背,听觉障碍,听觉损伤,听力不全……
失明	visually-retarded sight-deprived	视觉障碍,盲人……
癌症	the big C, terminal illness, C. A., growth, malignancy	绝症,肿瘤,不治之症……
性病	V. D.	花柳病

(二)中西文体委婉语对比

1. 英语中关于"政治、职业与失业"的委婉语

在人们的日常生活中,语言的使用往往超越了其字面含义,尤其在政治和职业领域,委婉语的运用成了一种微妙而独特的交流方式。这些委婉语不仅揭示了人们对某些话题的敏感性,也反映了社会的变迁和价值观的演变。

例如,biosphere overload 一词的字面含义是"生物圈超载",但在政治语境中,它被用来委婉地描述"人口过剩"的问题。这种表达方式避免了直接谈论人口问题可能引发的争议和敏感性,同时传达了对环境

压力的关注。ballooning 在普通语境中意味着"释放气球",但在政治中,它被用来委婉地表示"试探民意"的过程。sleep engineer 直译为"睡眠工程师",但在实际中,这个术语被用来指代"床具制造商"。这种委婉的表达方式旨在提升职业形象,减少刻板印象。同样,vision engineer 在字面上是"视力工程师",但在实际中,它可能指的是"眼镜商"。这种委婉的称呼旨在强调职业的专业性和对视力健康的贡献,而非仅仅销售商品。

2. 汉语中关于"政治、职业与失业"的委婉语

(1)政治

在中国的政治语境中,一些特定的词汇和短语经常被用来描述领导作风和权力运作的方式。

例如,"穿小鞋"这一表达形象地描绘了一种领导者的行为,即打击报复与自己观点不一致的人。这种行为表现为在工作中给予对方不公平的待遇或者故意制造困难,让对方感到被孤立和排挤。这种"穿小鞋"的做法不仅损害了组织的团结,也违背了领导者的基本职责。

"走过场"揭示了形式主义在政治领域中普遍存在。这种行为表现为领导者为了应付上级的审查而走过场,只追求表面上的效果,而忽视了实际工作的质量和效果。比如,在检查工作中,有些领导者只是简单地看一下材料,听一下汇报,就匆匆离开,没有真正深入了解实际情况。这种做法不仅浪费了大量的时间和精力,也损害了组织的形象和公信力。

"换血"是一个常见的词汇,它形象地比喻领导层的更迭和更新。当一个组织或机构需要注入新的活力和动力时,往往会通过选拔和培养新的年轻领导来替代老的领导干部。这种"换血"的过程不仅有助于保持组织的活力和竞争力,也有助于推进组织的改革和发展。

"拍板"则是一种领导者做出决定的表达方式。在中国文化中,"拍板"意味着果断和决定性的行动。当领导者需要做出重要决策时,他们会经过深思熟虑和权衡利弊后,最终"拍板"决定。这种表达方式既体现了领导者的权威和决断力,也体现了他们对工作的负责。

(2)职业

在职业领域中,一些特定的词汇和短语也经常被用来描述不同职业

的特点和形象。

例如,"阿姨"这一词汇在现代社会中已经不仅指家庭中的年长女性了,它更多地被用来婉指家庭保姆。这一变化反映了社会对于家政服务行业的认可和尊重程度的提高,也体现了人们对于家庭生活质量的关注和追求。

"白衣天使"是用来暗喻医护人员的。这一表达不仅形象地描绘了医护人员穿着白色制服的形象,也表达了人们对于他们无私奉献和救死扶伤精神的敬佩和感激之情。医护人员是社会的守护者,他们的辛勤付出和无私奉献为人们的健康保驾护航。

"大师"这一词汇在不同的职业领域中有着不同的含义。在佛教和道教中,"大师"是对高僧或道士的尊称;而在艺术领域中,"大师"则是对杰出艺术家的赞誉。这一表达不仅体现了人们对专业技能和成就的认可,也体现了对高尚品德和精神境界的追求。

"大师傅"则是用来婉指厨师的。这一表达不仅形象地描绘了厨师在厨房中忙碌的身影,也表达了人们对他们精湛技艺的赞美和敬仰。在中国文化中,美食是一种重要的文化符号和社交方式,而厨师则是美食的创造者和传承者。

另外,英语和汉语中关于"失业"与"解雇"的委婉语如表 4-2 所示。

表 4-2 英语和汉语中关于"失业"与"解雇"的委婉语

本义	英语委婉语	汉语委婉语
失业	between jobs to be on public assistance to be self-employed to be developing a new project to be in a consultancy	下岗,待岗,待业
解雇	a pink slip get the boot downsize	炒鱿鱼,卷铺盖

相较于英语,汉语在表达"失业"与"解雇"等概念时,委婉表达相对较少。然而,在英美国家,由于周期性经济危机等因素,"失业"现象屡见不鲜,因此相关委婉语颇为丰富,且表达更为婉转。以 pink slip(粉色的小纸条)为例,其背后蕴含着一段历史典故。据传,曾有雇主欲解雇员工,遂在其工资信封中夹入一张粉色纸条,告知解雇事宜及原因。

选择粉色纸条作为解雇通知的载体,意在借助粉色所带有的柔和特质为被解雇者带来心灵上的慰藉。同时,粉色纸张显眼易辨,不宜与其他文件混淆,确保信息传达无误。自此,pink slip一词便逐渐演化为"解雇"的委婉表达。

二、英汉委婉语的翻译技巧

(一)直译法

委婉语作为一种独特的语言现象,其在汉语中的运用体现了中华民族的深厚文化底蕴和交际智慧。然而,译者在将汉语委婉语直译成其他语言时往往会遇到困难,因为委婉语会涉及特定的文化背景、社会习俗和心理预期,如果仅选择直译则会很难被准确传达。因此,在翻译汉语委婉语时,需要充分考虑目标语读者的文化背景和接受习惯,以确保翻译结果的准确性和可接受性。例如:

几时我闭了这眼,断了这口气……

(《红楼梦》第29回)

Once I closed my eyes and breathed my last...[①]

(杨宪益 译)

在杨宪益的《红楼梦》英译本中,他对于汉语委婉语的翻译策略展现出了独特的见解和坚持。委婉语作为一种常见的语言现象,用以表达不便直言或令人不快的内容,在中国文学作品中尤为丰富。在将这些委婉语翻译成英语时,杨宪益往往选择直译的方法,在"闭眼"和"断气"等例子中体现得尤为明显。

(二)意译法

在汉语委婉语的英译过程中,意译是指根据英语委婉语的特点和英语读者的文化背景,对汉语委婉语意译,使其更符合英语的表达习惯,但需要注意不要失去原文的语义和风格。例如:

[①] 曹雪芹. A Dream of Red Mansions[M]. 杨宪益,译. 北京:外文出版社,2001:421.

西凤姑娘仗着老太太这样的厉害,如今"焦了尾巴梢子"了,只剩了一个姐儿,只怕也要现世现报?

(《红楼梦》第117回)

Xifeng was so ruthless when she had the old lady's backing that now she died sonless, leaving only one daughter. She is suffering for her sins![1]

(杨宪益 译)

上例中,如果将"焦了尾巴梢子"直译,会让人费解,其实这一表达在汉语中意味着一种深刻的社会观念,即 sonless(没有子嗣)。因此,译者需要巧妙地用意译法翻译,将其转换成一种委婉的表达,以确保信息的准确传递和文化的有效沟通。

(三)迂回表达法

在教育领域,委婉语的使用尤为普遍。例如,对于身体或心理上有障碍的学生,通常不会直接称呼他们为"残疾学生",而是称之为"身体上受到挑战的学生"(physically challenged students)或"心理上受到挑战的学生"(mentally challenged students)。这样的称呼旨在保护他们的自尊心,让他们感受到社会的关爱和支持。同样,对于智力低下的学生,也不会直接说他们"智力低下",而是称之为"智力上受到挑战的学生"(visually challenged person)。这种委婉的称呼方式体现了我们对他们的尊重和理解。

在社交场合,委婉的表达方式也经常被用来避免尴尬或冲突。例如,当某人作弊时,会说他们在"作业上依赖别人"(depend on others to do his/her work),而不是直接指责他们作弊。这样的说法既达到了提醒的目的,又避免了直接冲突。同样,当某人说谎时,会说他们"有辨别想象的信息和现实信息的障碍"(have difficulty distinguishing between imaginary and factual information),而不是直接指责他们说谎。这种委婉的说法既照顾到了对方的面子,又传达了我们的意思。

---

[1] 曹雪芹. A Dream of Red Mansions[M].杨宪益,译.北京:外文出版社,2001:1242.

第五章　跨文化传播视野下的英汉传统习俗翻译

随着全球化的推进,英汉两种语言的文化交流日益频繁,传统习俗的翻译是连接两种文化的重要桥梁。传统习俗具有浓厚的民族性和地域性,涉及复杂的文化内涵和象征意义。这些文化内涵和象征意义在翻译过程中难以准确传达,容易导致误解或文化冲突。英汉两种语言在表达方式、思维习惯和审美观念等方面存在显著差异,增加了传统习俗翻译的难度。本章从跨文化传播的视角出发,探讨英汉传统习俗翻译的相关知识内容,以期推动两种文化的深度交流与融合。

第一节　跨文化传播视野下的英汉节日翻译

一、英汉节日的差异

(一)中国传统节日

我国的传统节日一般都是按农历进行庆祝的,包括上元、中元、春节、清明、端午、中秋、重阳节等。在这些节日中,立春、立夏、腊八、冬至是与一年四季的节气有关,它们的共同特点是历史传承下来的,文化内涵极其深厚,庆祝内容丰富。四大传统节日包括春节、清明节、端午节、中秋节。

1. 春节

春节是中国的阴历新年，又被称为"新春""新岁""岁旦"等，民间把春节叫"过年""过大年"。春节是中国人一年中庆祝形式最丰富的节日，家家户户都要打扫房间、贴对联、祭拜祖先、迎财神、团聚、举办各种娱乐节目、做最丰盛的菜肴。春节历史悠久，起源于上古人的最初信仰与对自然的崇拜，由早期时代岁首祈岁祭祀演变而来。在春节，全国各地会举办各种庆祝新春的活动，各省份各地区都带有浓郁的地方特色。从传统意义上讲，春节的时间是农历腊月二十三到正月十九。过了小年到除夕，人们在家里打扫房屋，置办年货。在除夕，人们会摆上精心准备的菜肴、倒上美酒，举行隆重的祭祀仪式（主要在南方），以此感谢祖先的恩德。腊月三十的晚上，人们在吃完团圆饭后，全家会聚在一起守岁，包饺子，看中央台的春节联欢晚会。从正月初一开始（也就是农历新的一年的第一天），全国各地会举办各种各样的庆祝活动，如舞狮、放爆竹、去亲戚朋友家拜年等，到了正月十五日，民间还会举办赏花灯、猜灯谜、闹元宵等庆祝活动。

2. 清明节

清明节时间在仲春与暮春之交。清明前后气候会发生很大的变化，而这一天也是中华民族最隆重的祭祖日，所以清明节包含了人文与自然两大方面。由于这一天的习俗是人们走出家门去踏青，所以又被称为踏青节、行清节、祭祖节等。扫墓祭祖与踏青郊游是清明节的两大民俗主题，这两大传统习俗在中国自古有之，是我们国家传承至今的习俗。这个节日的传承也是我们祖先想要后人遵循孝道、重视亲情、拥有家族共同的记忆，从而强化家庭甚至整个民族的凝聚力和归属感。清明节把自然节气与人文风俗融为一体，体现了民族企盼"天地人"的完美统一，让后人顺应天时地利、遵循自然规律的思想。

3. 端午节

端午节最初是夏季驱离瘟神和祭龙的节日，是古人向龙族祭祀的日子,民间也有纪念伍子胥、曹娥及介子推等说法,伟大的爱国诗人屈原于这一天在江边自尽,于是民间也把端午节看作纪念屈原的日子。端午节为每年的农历五月初五,又称端阳节、午日节、艾节、夏节等。在这一天,民间必不可少的活动是吃粽子、赛龙舟、挂艾草艾叶、熏苍术白芷、喝雄黄酒。这是个驱邪避疫的传统节日。在古代,民间认为端午节是鬼怪出没的日子,要进行驱邪避疫的活动,所以就有了挂艾叶、穿香囊、吃粽子的习俗。这些活动寓意着保护人们的健康和平安,而纪念屈原是为了体现爱国情怀。

4. 中秋节

中秋节,又称祭月节、月娘节、中秋节等,时间在农历的八月十五。它源自古代的祭月活动,与月亮的祭祀有关,由上古时代秋夕祭月演变而来。中秋节这一天,晚上要赏月、吃月饼,各地都会举办花灯会,南方有赏桂花、饮桂花酒的习俗,从古代的帝王流传至今,从未停息。祭月作为民间过中秋节的重要习俗,逐渐演化为现在的赏月、颂月等活动。中秋节这天,月亮圆预兆着人的团圆,寄托了人们思念故乡、思念亲人的感情,中秋节又逢秋天,人们祈盼丰收、幸福,因此古代的诗词多出现中秋题材的诗句,这个节日也成了我国弥足珍贵的文化遗产。

(二)西方传统节日

西方民族独具特色的自然环境、与众不同的历史经历使其拥有了自己独特的生活习惯、民族文化、宗教信仰等。特有的文化和习俗使西方人在日常生活中庆祝自己特有的民族传统节日和节日习俗。传统节日和宗教节日已经成了现代西方人生活不可缺少的组成部分。西方主要传统节日有:圣诞节、感恩节、复活节。

1. 圣诞节(Christmas)

圣诞节作为西方最为盛大的节日之一,每年的12月25日,全球无数家庭都会沉浸在欢乐与祥和的氛围中。这个节日的起源与耶稣基督的诞生紧密相关,经过数百年的发展,它已经从宗教庆典演变为一个全民共享的欢乐时刻。

在圣诞前夜,许多家庭会布置圣诞树,挂上彩灯、铃铛和各种装饰品,树下则摆放着给孩子们的礼物。圣诞老人的形象也深入人心,他穿着红袍、戴着白胡子,乘着驯鹿拉的雪橇,在平安夜为全世界的孩子们送去惊喜。此外,互赠贺卡、享用圣诞大餐(如火鸡、布丁、圣诞饼干等)也是不可或缺的习俗。

随着时代的发展,圣诞节的庆祝方式也在不断变化。现代科技让远程庆祝成为可能,人们通过视频通话与远方的亲人共度佳节;环保意识的提升也让越来越多的人选择可回收或自制的装饰品,以减少节日对环境的影响。

2. 感恩节(Thanksgiving)

感恩节是每年11月的第四个星期四,它起源于美国,最初是为了感谢上帝赐予的丰收而设立的。如今,它已经成为一个家庭团聚、表达感激之情的节日。

感恩节的传统食物是火鸡大餐,搭配南瓜派、红薯泥等甜点,一家人围坐在一起共享美食,分享过去一年的点点滴滴。此外,观看橄榄球比赛也是感恩节的一大习俗,尤其是"黑色星期五"后的第一场职业橄榄球联赛,更是吸引了无数球迷的关注。

近年来,感恩节的庆祝方式也趋向于多元化,除了传统的家庭聚会,人们还会通过志愿服务、慈善捐赠等方式来表达对他人的感激和关爱。

3. 复活节(Easter)

复活节是基督教纪念耶稣复活的节日,日期每年都不固定,大致在春分月圆后的第一个星期日。这个节日充满了象征重生和希望的气息。

彩蛋和兔子是复活节最具代表性的象征。人们会绘制彩蛋、寻找彩蛋游戏,以及赠送巧克力兔子作为礼物,寓意新生和生命的奇迹。此外,复活节游行和宗教仪式也是重要的庆祝活动。

在现代社会,复活节的庆祝方式更加多样,从家庭聚会到社区活动,从手工制作到科技互动,每个人都能找到适合自己的方式来庆祝这个充满希望的节日。

二、英汉节日的翻译技巧

(一)归化翻译

归化原则在传统节日和民俗文化的翻译中,要求译者尽可能接近目标语读者的文化背景和表达方式。这意味着要将中文的文化元素翻译成目标语读者易于理解的形式,在翻译过程中模仿目标语作者的写作风格,使译文在语言表达和文化内涵上与目标语读者的阅读习惯相契合。

例如,"春节"译为 Spring Festival,还需深入揭示其在中国文化中的丰富内涵。作为中国传统的重要节日,春节背后蕴含着家庭团聚、祭祀祖先、放烟火等丰富多彩的内容,这些习俗体现了我国人民对和谐家庭、尊重传统和欢庆生活的热爱,展现了中国文化的独特魅力。译者在翻译时应注重传达这些文化内涵,使目标语读者全面、深入地了解春节的意义和价值。

(二)异化翻译

异化翻译是中国传统节日和民俗文化翻译过程中一种重要的翻译策略。异化强调保留原文的文化特色和表达方式,要求目标语读者跨越文化障碍去理解和欣赏源语文化的独特性。异化有助于保持文化的多样性,促进跨文化交流和理解。在实际翻译中,异化要求译者对源语文化有深入的了解和尊重,忠实于原文的内容和形式,保留原文的风格、情感和文化内涵。在译文中保留一些特定的文化词汇和表达,不是简单地将其转换为目标语的等效表达,帮助目标语读者更真实地体验源语文化,感受其独特魅力。

异化要求译者在翻译过程中注重目标语的表达习惯和读者的接受能力。译者需要保留原文的特色,确保译文的流畅性和可读性。译者在保持原文特色的同时可以对一些难以理解的文化概念进行适当的解释或注释,以便目标语读者理解和接受。

异化要求译者在翻译时考虑目标语的文化背景和读者的预期。了解目标语读者的文化习惯和阅读偏好,在保持原文特色的同时使译文能够与目标语读者的文化背景和阅读习惯相契合,提高译文的接受度,促进文化的传播和交流。在翻译中国传统节日和民俗文化的过程中,异化是提供了一种平衡文化差异和语言表达准确性的有效方法,译者可以更好地展现源语文化的独特性,确保译文的可读性和可理解性,为促进不同文化之间的相互理解和尊重作出贡献。

第二节 跨文化传播视野下的英汉饮食翻译

一、英汉饮食的差异

(一)饮食观念

中餐强调养生,注重食物对身体的滋补作用。英国饮食简朴,近年来更加多元化。中英两国的饮食观念体现了各自深厚的历史和文化传统,呈现出明显的差异。在中国,饮食被视为文化的重要组成部分,反映了中华文明的发展和演变。中国人注重食物的平衡和调和,追求五味的调和,荤素搭配,食材与季节、地域息息相关。餐桌礼仪强调尊老爱幼、宾主尽欢,社交方式强调家庭和友谊,茶文化占据着重要地位,茶被视为一种文雅而有益健康的饮品。

相较之下,西方饮食观念更加实用和简单。西方人偏好实惠的饮食方式,强调热量摄入和均衡饮食。餐桌礼仪注重顺序和规范,正式场合通常采用主菜和配菜分开上桌,用餐时使用特定的刀叉。西方人社交更注重礼节,下午茶是传统的社交形式,茶和咖啡则是常见的饮料。

这些差异反映了两国在饮食习惯上的不同,折射出各自文化的独特魅力。中餐注重味觉的多样性和食物的天然原味,强调饮食与自然、季节的和谐;西方饮食更注重实用性,强调烹饪的简便和实惠。这种文化差异丰富了全球饮食的多样性。

（二）社交方式

中国社交强调家庭和友谊，注重共享。西方人社交方式多样，注重个体独立性和轻松社交。中西方社交方式与用餐习惯体现了两国文化的独特魅力。在中国，社交与用餐紧密相连，家庭和友谊是社交的核心。用餐时，家人和朋友聚在一起，共同分享各种美食，强调共享和亲情。餐桌上的菜肴通常是共享摆放，体现了集体的互动和尊重传统的价值观。例如，在英国，人们可以在各种自由的场所中社交，不只局限于用餐。而在用餐这种正式的社交场合，餐桌礼仪显得格外重要。注重用餐的细节礼仪，尊重他人、预留空间、保持优雅的仪态是最基本的要求。

中西方截然不同的社交方式反映出不同文化背景下人们的各自价值观的差异性。总体来说，中国的社交注重亲情和友谊，通过餐桌文化维护人际关系；英国的社交更注重选择的多样性和个体的自由性，体现了对个体的尊重。

（三）餐桌礼仪

中国人注重尊重和和谐的餐桌礼仪。西方人在正式场合注重礼仪，但在一般场合可能较为随意。中西方餐桌礼仪展示了两国文化在社交和用餐方面的特色。在中国人的餐桌礼仪中，尊重和和谐是关键元素。家庭聚餐时，长辈通常被赋予更高的地位，年轻人需表现出尊敬之意。用餐时，人们相互之间会保持礼貌，注意不打扰他人，体现出一种亲情和友情的和谐氛围。共享是中餐文化的一个重要方面，菜肴摆放在桌上供所有人共同品尝，强调集体互动和家庭团结。在西方人的餐桌礼仪中，正式场合强调礼仪和规范。在用餐时，人们会遵循特定的规矩，如正确使用刀叉、保持坐姿端庄等。这种正式的礼仪体现了西方人社交中的一种庄重和仪式感。然而，在一般场合，西方人的餐桌礼仪可能相对较为随意，人们更注重轻松自在的氛围，强调友好和放松。两国的餐桌礼仪差异不仅反映了文化价值观的不同，也体现了社交方式和家庭观念的独特性。

二、英汉饮食的翻译技巧

（一）尊重文化差异性

在全球化的大背景下，不同饮食文化间的交流变得日益频繁，翻译人员在这一过程中扮演着举足轻重的角色。他们在翻译饮食文化时，不仅要传达食物的味道、口感和烹饪方法，更要尊重并体现其中蕴含的文化差异和习俗差异。这种尊重不仅是对源语的尊重，更是对源语文化、源语国家人民的尊重。

每个国家、每个地区都有独特的饮食文化习俗，与地理位置、气候、历史背景等因素有关。中国有"十里不同乡，百里不同俗"的说法，指即使在同一个国家内部不同地区的饮食文化和习俗也存在明显差异。例如，东北人偏爱炖菜，其独特的烹饪方式和口感反映了东北地区寒冷的气候和丰富的食材；四川人钟爱麻辣风味的菜肴，这与四川地区湿润的气候和辣椒的种植有密切关系。

当翻译人员面对这些具有鲜明地域特色的饮食文化时，他们不仅要了解这些菜肴的制作方法、口感和风味，更要深入了解其背后的文化故事和历史背景。只有这样，他们才能准确地传达出这些菜肴所蕴含的文化内涵，让目标语读者能够真正感受到其独特魅力。

（二）写实型——直译

"写实"，顾名思义，重在"实"，因此"写实型"主要是指以菜肴的原料命名，能够直观地反映菜品的原料、刀工及其烹饪方法。以冬奥会为运动员提供的菜谱为例，"写实型"菜肴比比皆是。例如，荔枝鸡片翻译为 Sliced Chicken with Litchi Source，此类"写实型"菜肴中并没有包含文化信息，因此在翻译时应该遵循直译原则，简单明了地传递给外国运动员菜肴的主要信息，便于他们理解。

2008年，北京市人民政府外事办公室和北京市旅游局联合编撰出台的《中文菜单的英文译法》一书中，涵盖了1500多种常见中国菜肴的翻译，也对此类"写实型"菜肴的英译给出了参考，主要体现为以下两种形式。

第一，菜名组合为原料+辅料。例如，冬奥菜谱中的玉米排骨汤（Pork Ribs and Corn Soup）、冰梅凉瓜（Bitter Melon in Plum Sauce）、茄汁巴沙鱼（Basa Fillets with Tomato Sauce）。

第二，菜名组合为烹调方法/刀工+主料（形状）+（with/in）味汁。例如，冬奥会菜谱中的荔枝鸡片（Sliced Chicken with Litchi Source）、番茄烩牛腩（Stewed Beef Brisket with Tomato）、青椒炒牛肉（Sauteed Beef with Bell Pepper）。

（三）写意型——意译为主+直译为辅

据史学家研究，中国菜名重在"雅"字，为了展示文化底蕴内涵，中餐菜品的命名在不断追求"意美"这一境界，极富浪漫主义色彩，颇有古风诗韵，如"蚂蚁上树""凤凰展翅""七星伴月""黑白分明"等。在饮食文化的交流中，中西方菜名的差异颇为戏剧化。分析其根本原因不难发现，菜品命名的差异直观体现出语言文化的差异。中国菜名本身就是艺术，多为意象、比喻形式的体现，有时由于地域文化的历史传承，菜名甚至融入当地的民间传说、典故、习俗等。如此命名的目的不仅在于命名，更在于文化渲染、文化传播、文化传承、体现寓意、寄托情感、弘扬历史、增强地域民族感染力。基于本国文化的熏陶荡涤，中国本土居民理解起来并不困难，但是由于中西饮食文化的差异，西方人难以意会。西方人注重"简单""明了""实在"，菜名只需要体现菜的原料和做法，因此颇为直接，其目的在于直观、理性地表达。在翻译此类"写意型"菜肴时，应遵循"意译为主，直译为辅"的原则，可以舍弃菜名中与信息传递无关的信息，直接指出菜肴的主料、配料和烹饪方法等基本信息。重视菜肴的信息传递功能，以实代虚，化繁为简，简明扼要地译出菜肴的主料及做法，为外国人提供准确的菜肴信息，避免"虚"而不"实"。

以冬奥会菜谱之一"红烧狮子头"为例，"红烧狮子头"为扬州名菜，起于隋朝，盛于唐朝。前身是隋炀帝命御厨特制菜肴"葵花斩肉"。唐朝时，人们觉得用巨大肉丸做成的葵花形菜肴宛如雄狮头颅，威武霸气，寓意盛唐国泰民安，也对应唐朝将军的狮子帅印，寓意戎马一生，所向披靡，因此从唐朝起，此菜改名为"狮子头"。官方将其译为 Stewed Pork Ball in Brown Sauce，准确简明地将狮子头的主要用料、做法及酱汁译出，这样才能让外国人一目了然，摆脱了原文内容的束缚；反之，若将其译为 Braised Loin's Heads，恐怕不仅不会吸引外国宾客，还会起到反作用，令其感到害怕，因为狮子在外国人眼中是百兽之王，狮子的头更是不可食用的。总之，在翻译写意类菜肴时，译者需充分考虑中外文化的差异性，尽量做到翻译出菜肴的实质性内容。

（四）典故型——直译 + 解释性翻译

中国诸多菜肴的名称中融入了历史名人或者历史典故，其目的多为表达赞扬或是缅怀纪念，能直观地体现历史，让人们在品尝菜肴的同时对文化历史留下深刻的印象。例如，"东坡肉"为 Dongpo Pork，其为北宋元祐年间，诗词大能苏东坡先生在杭州任职，治水有功，将肉工整切块后炖煮至香酥软烂，设宴与百姓同乐。百姓为纪念苏东坡，将此肉命名为"东坡肉"并流传至今。再如，外国人在冬奥会期间最喜爱的菜肴为"宫保鸡丁"，宫保鸡丁是由清朝名士丁宝桢所创，丁宝桢闲暇之时喜欢研究菜肴，将辣椒、花生、鸡丁爆炒后创造此菜。在丁宝桢担任四川总督时，为人刚正不阿，为官清廉，多建功勋，皇帝对其授予封号"太子太保"。宫保鸡丁的名字由此得来，一方百姓为了纪念一代名人为一方土地带来的恩泽，就将此丁家私房菜发扬光大。官方给出的译文为 Kung Pao Chicken（spiced diced chicken with cashew），也是直接翻译出"宫保"二字，然后稍加注解，因此在翻译此类"典故型"菜肴时，一般采取"直译 + 注解"的方法，但是由于此类菜名往往承载较多的文化信息，所以在翻译的过程中难免会出现文化流失现象，因此有学者提出可以在加注时对菜肴的典故稍加说明，这样一方面能够让外国友人了解菜名背后的故事，给他们留下深刻的印象，另一方面还能促进饮食文化的相互交流。

（五）地方风味型——直译 + 突出地方名

华夏地大物博，美食大致分为八大菜系，为了体现各地特色，在菜名中融入地理信息的情况也屡见不鲜。例如，"西湖醋鱼"为 West Lake Fish in Vinegar Sauce，杭州西湖盛产草鱼，且由于西湖水系优良使其草鱼肉质鲜美。将西湖加入菜名使菜肴获得了更高的评价，并且直观洞悉来源,加强地域自豪感,传播地域饮食文化。在冬奥会菜谱中,此类"地方风味型"菜肴也比比皆是,如北京烤鸭(Beijing Roast Duck)、广东点心(Cantonese Dim Sum)直接采用"地名+原料/加工方法"的译法,即将地名与菜肴主料相结合。又如,四川辣子鸡(Spicy Chicken, Sichuan Style)、北京炸酱面(Noodles with Soy Bean Paste, Beijing Style),则是直接采用了"原料/加工方法+地名汉语拼音+Style"的后缀形式。

(六)数字型——简译

中餐中也多以数字命名,在中餐中,数字的意义多表示此菜的特点、精细程度、品质等级、食材数量等等。例如,中国地方美食"三不粘"是用鸡蛋、面粉、蜂蜜在高温锅中颠炒而成的糕团型甜品,软糯同时做到不粘锅、不粘筷子、不粘牙,因此得名"三不粘",这一名字准确地体现了菜肴的特色。类似的还有"一品千丝豆腐",一品表示菜的等级,千丝体现的就是烹饪师傅极致的刀工和细节,将一块嫩豆腐横切八十八刀,竖切八十八刀,每一根豆腐线条都细如发丝共七千多条,因此用千丝命名。翻译这道菜名时应当做到灵活变通,碰到有内涵的数字,透过数字的表象看到本源,通过合理的翻译方式准确地体现菜肴名称。在处理此类菜肴时,尽量采取简易的方法,如冬奥菜谱中的八宝咸菜译为 Assorted Pickles,素三鲜煎饺译为 Pan-Fried Vegetables Dumplings,三丝炒米粉译为 Fried rice noodles,都是省略了菜肴中的数字,直接将菜肴的原料及烹饪手法翻译出来。

(七)寓意型——意译+注释

在中国,很多事物都被赋予了超脱原本名称的寓意,如红豆代表相思,青、绿、翠代表生机、希望、美好,鲤鱼代表祝福或高升,金和玉往往寓意财气或良缘。这种传统饮食文化中也体现得淋漓尽致。例如,"翡翠白玉盅"(白菜豆腐汤)寓意平平淡淡、和和美美,"鲤跃龙门"(糖醋鲤鱼)寓意金榜题名或步步高升。在翻译此类极具文化寓意的菜肴时,仅需要遵循意译的原则,将材料和主要烹饪方法展示给外宾即可,但是有很多学者表示,这样的翻译未能达到信息传递的功能对等,因此可以在菜名后稍加注释，简要介绍，让外宾了解菜肴的言外之意。

以冬奥会的菜肴之一"四喜丸子"为例，"四喜丸子"为中国"鲁菜"的代表之一，"四喜丸子"对应中国自古公认人生四大最喜之事，分别是：久旱逢甘霖、洞房花烛夜、金榜题名时、他乡遇故知。此外，在每年年末，新春团圆之时，岁末天寒，风禾尽起，更是少不了"四喜丸子"，餐桌上的"四喜丸子"包含了人们对辞旧迎新、来年春风吹满四时吉祥的美好愿景。官方将其译为 Braised Pork Meatballs in Gravy Sauce 也是遵循了这一原则，直截了当地指出此菜的烹饪方式、主要材料和酱汁，让外宾能一目了然。笔者认为，翻译需要在做到"信、达"的基础上，再进一步去追求"雅"，首先要准确地传达菜肴的基本信息，然后可在其后稍作注释，体现出中华菜肴名称的"意"。例如：

老少平安 "Steamed Bean Curd and Minced Fish (the whole family is well)"

佛跳墙 "Fotiaoqiang—the Buddha jumped the wall for luring by its smell (assorted meat and vegetables cooked in embers)"

（八）极具中国文化特色型——音译

冬奥会期间，爱吃"韭菜合子"的中国选手谷爱凌也因边吃"韭菜盒子"边等成绩登上了热搜，外媒也对中华美食之魅力充满了好奇，笔者经调查发现，GLOBAL TIMES 在对此报道时，将"韭菜盒子"译为 Jiucai Hezi, traditional Chinese snack, a pan-fried dumpling filled with chives and vermicelli noodles，直接采用了音译+注释法，用汉语拼音译出"韭菜盒子"，再对其进行解释——中国的传统小吃，原料为韭菜和粉丝的煎饺子。再如，比赛期间吃豆包走红的"豆包小姐姐"马耳他运动员珍妮斯·斯皮泰，马耳他驻华大使卓嘉鹰（John Aquilina）在接受采访时更是表示，许多马耳他人因为斯皮泰而知道了什么是豆包。在视频采访中，大使先生直接把豆包的英文名称翻译为了汉语拼音 doubao。这样的翻译更有利于跨文化交流，就像提到"三明治"，大家都知道是 sandwich，提到汉堡，大家都知道是 hamburger，直接音译中华美食 doubao, Jiucai Hezi，能更加直接、有效地传递菜肴的文化信息，也更能体现出我们对中华美食的文化自信。

第三节　跨文化传播视野下的英汉服饰翻译

一、英汉服饰的差异

（一）中国传统服饰

中国传统服饰犹如一幅流动的画卷,承载着深厚的文化底蕴和历史记忆。从古代的冕服、儒服,到唐装、汉服,再到旗袍、马褂,每一种服饰都以其独特的设计和精致的工艺,展现了中国人的审美追求和生活哲学。

在古代,服饰不仅是遮体避寒的工具,更是一种社会等级和身份的象征。皇帝的龙袍绣有九五之尊的龙纹,象征着至高无上的权力;士人的儒服简洁大方,体现了他们的学识与修养。庶民的服饰更加朴素,色彩和图案都受到严格的限制。

到了唐宋时期,社会风气开放,服饰风格也更加丰富多彩。唐代的女子喜欢穿袒领襦裙,配以华丽的头饰,展现出自信与开放的风貌;宋代的男子偏爱宽松的袍衫,配以长及脚踝的围巾,显得儒雅而内敛。

明清两代,由于社会制度的变迁,服饰制度也更为严格。明代的服饰以华丽繁复著称,如官服上的补丁用以显示官职的高低;清代的旗袍以其流畅的线条和精致的刺绣,成为中国女性服饰的代表。

近代以来,受到西方文化的影响,中国服饰开始出现新的变化。中山装、旗袍等新式服装逐渐流行,它们既保留了传统的元素,又融入了现代的风格,成为中国服饰文化的重要组成部分。

如今,随着传统文化的复兴,越来越多的人开始关注和热爱传统服饰。在各种节日庆典、文化活动中,人们身着汉服、唐装,以此来表达对传统文化的敬仰和热爱。许多国际时尚品牌也开始在设计中借鉴中国元素,使中国传统服饰在世界舞台上焕发出新的光彩。

(二)西方传统服饰

1. 西方服饰的材料

自古以来,西方服饰的选材始终离不开亚麻布这一经典面料。亚麻布在西方服饰中的主导地位可以归结为以下原因。

(1)亚麻布自身的特性。亚麻布质地轻盈,透气性好,穿着舒适,具有良好的吸湿性和快干性,能够有效排汗,防止潮湿。亚麻布具有天然的抗菌性能,可以有效抑制细菌滋生,呵护肌肤健康。这些优点使亚麻布成为日常生活中理想的服饰材料。

(2)亚麻布与西方国家的地理环境密切相关。亚麻植物的生长需要特定的气候和土壤条件,西方许多国家气候温和,阳光充足,土壤肥沃,为亚麻的生长提供了得天独厚的条件。西方国家在亚麻的种植和加工方面具有天然的优势,所以亚麻布成为其服饰制作的主要材料。

(3)受西方文化的影响。西方文化历来强调个人奋斗、实用主义和节俭精神。亚麻布作为一种经济实惠、结实耐用的材料,正好符合这种价值观。亚麻布代表西方人对于实用、朴素和自然的追求,体现了他们对生活品质的独特理解。因此,亚麻布在西方服饰文化中占据了不可替代的地位。

2. 西方服饰的图案

西方国家的服装图案反映了当时社会的审美观念和文化特点,体现了人们的创造力和艺术追求。

(1)花草图案。在西方国家,服装上最早出现的图案是花草图案。这些图案以自然的花草为创作元素,通过艺术家的巧手将它们绘制在服装上,形成了一种独特的装饰风格。花草图案色彩鲜艳、形态各异,展现了大自然的美丽与生机。

(2)花卉图案。文艺复兴时期花卉图案在服装上得到了广泛应用。人们开始注重图案的对称性和平衡感,通过精细的线条和丰富的色彩展现出花卉的优雅与华丽。花卉图案成为当时社会上层阶级身份和地位的象征。

（3）洛可可装饰风格。法国路易十五统治时期，洛可可装饰风格对服装图案产生了深远的影响。洛可可风格以轻盈、精致、浪漫为特点，注重表现 S 形或旋涡形的藤草和轻淡柔和的庭院花草图案，以淡雅的色彩和细腻的笔触展现出一种温柔而优雅的美感，符合当时社会对女性形象的审美追求。

（4）服装图案的多元化和创新。近代，服装图案呈现出更加多元化和创新的特点。利用计算机设计的电子图案以其独特的创意和表现形式，成为现代服装图案的重要组成部分；利用几何透视原理设计的欧普图案通过抽象的形状和色彩，引发人们的视觉错觉和联想；野兽派的杜飞花样以其独特的色彩和粗犷的线条，展现出一种原始而热烈的美感；以星系或宇宙为主题的迪斯科花样通过璀璨的星辰和炫目的色彩，展现出一种科幻而梦幻的美感。

二、英汉服饰的翻译技巧

（一）保留文化意象法

在确保翻译的精确性方面，等价翻译是一种常见的策略。尽管英语和汉语分属不同的语系，二者仍存在一定的共通性。这两种语言都能找到具有相同意义的可互换词汇，实现直接对等的翻译。因此，必须考虑文化因素的影响，从文化层面来处理翻译的细微之处。以苗族的服饰为实例进行探讨。

"百褶裙"在英语中对应的表达为 pleated skirt。由于"百褶裙"是苗族女性服饰中普遍的下装，且在英语世界中有其特定的译法，因此将其直译为 pleated skirt 是适当的。

"凤纹银冠"对应的英文为 silver crown with phoenix pattern。此银冠是贵州苗族少女盛装的一部分，其主体由银丝编织，完全由银制成，并常被称为凤冠。鉴于"凤纹银冠"在英语中有意义相近的对应词汇，因此在《中国苗族服饰图志》中将其直译为 silver crown with phoenix pattern 是合理的。

(二)替换文化意象法

依据巴斯奈特的翻译理论,当译者在目标语言中无法找到等价表达时,应充分发挥主观创造性。在服饰翻译中,部分文化负载词可采取直译,但部分词汇并无固定译法。同时,即使单个词能实现语义对等,仍可能无法充分传达特定文化背景的深层含义,因为不同文化环境的读者会以自身的认知框架解读翻译内容。因此,译者需基于对文化内涵的深刻理解,采取如音译加注等策略,以实现跨文化的等值传达。仍旧以苗族服饰为例进行阐释。

"无领右衽上衣"在英文中可表示为 collarless right-buttoned jacket。鉴于"无领"在英文中有直接对应词 collarless,无需使用连字符,所以建议修改为 collarless right-buttoned jacket。根据词义,"衽"指衣襟,右前襟掩覆于左前襟内,所以《中国苗族服饰图志》中将"右衽"译为 right-buttoned 是适当的。因此,推荐"无领右衽上衣"的译文修正为 collarless right-buttoned jacket。

"刺绣麒麟纹云肩"的英文翻译为 embroidered shoulder with unicorn pattern。云肩在中国文化中也被称为披肩,属于同一概念体系,均为领肩部位的装饰品。然而,shoulder 在英文中特指"(衣服的)肩部",未能准确反映"云肩"的文化含义。因此,建议将"云肩"翻译为 shoulder adornment,以更精确地体现其作为领肩部位装饰的功能。

(三)异化注释法

异化注释法是一种将英文直译与英文注释相结合的翻译方法,旨在确保信息在跨文化传播中的准确性和完整性。这种方法特别适用于那些具有独特文化背景和特定含义的词汇或短语。通过直译与注释的结合,不仅能够传达词汇的字面意义,还能够揭示其背后的文化内涵和特殊功能。以藏族传统服饰中的"长袖"为例,这一词语若仅直译为 long sleeves,则可能使目的语受众产生误解,将其与日常生活中常见的长袖服饰等同起来。然而,藏族服饰的长袖实际上具有更长的长度,这是由藏族人民所处的寒冷生态环境决定的。在翻译时,需要在译文中添加适当的注释,以明确区分二者之间的差异。例如,long sleeves but which is much longer than our usual size for protecting against the cold,这样的翻译准确传达了"长袖"的字面意义,揭示了其在藏族服饰中的特殊功能和象征意义。

同样地,异化注释法也适用于其他具有特定文化背景的词汇或短语。例如,"穿腰束腰"这一词在藏族服饰中指的是一种特殊的穿衣方式,若仅直译为 waistband,则无法准确传达其文化内涵。因此,可以采用异化注释法,将其翻译为 upper garments with pieced fronts,并在注释中解释其特殊的穿衣方式和文化意义。

对于"凤凰王冠"和"品官朝冠"等具有特定历史和文化背景的词语,异化注释法同样适用。例如,"凤凰王冠"可翻译为 phoenix cornet for a woman of noble rank,并在注释中解释其在中国古代宫廷文化中的地位和象征意义。同样地,"品官朝冠"可翻译为 official's court hat with different top decoration and feather streamer diversified according to the rank,并在注释中阐述其在中国古代官制中的等级制度和礼仪规范。

第四节　跨文化传播视野下的英汉建筑翻译

一、英汉建筑的差异

（一）中国建筑文化

中国建筑文化可以划分为多个类别。

按照地域文化划分,中国建筑文化可分为北方建筑、南方建筑、西北建筑、西南建筑等。北方建筑以厚重、粗犷为主要特点,如北京的四合院、东北的土坯房;南方建筑以轻盈、细腻为主要特点,如苏州的园林建筑、福建的土楼。西北建筑多受游牧文化影响,以帐篷、毡房等为主要形式;西南建筑多受山地环境影响,以吊脚楼、石板房等为主要形式。

按照历史时期划分,中国建筑文化可分为古代建筑、近代建筑和现代建筑。古代建筑以木构建筑为主,注重空间层次和景观营造,如故宫、颐和园等皇家园林和寺庙建筑；近代建筑受西方建筑思想影响，开始尝试采用新材料、新技术，如上海外滩的西洋建筑群；现代建筑注重功能性和环保性，如鸟巢、水立方等体育场馆。

按照建筑类型划分，中国建筑文化可分为宫殿建筑、寺庙建筑、园林建筑、民居建筑等。宫殿建筑以皇家宫殿为代表，注重规模宏大、气势磅礴；寺庙建筑以佛教寺庙为主要形式，注重宗教氛围和神秘感；园林建筑以江南园林为代表，注重景观营造和意境表达；民居建筑以各地传统民居为主要形式，注重实用性和舒适性。

（二）西方建筑文化

西方建筑文化涵盖了从古代到现代的多种建筑风格和理念。西方建筑不仅在技术和结构上有所创新，而且在艺术表现和文化象征上也极为丰富。

西方建筑风格随着历史的进程不断演变。从古希腊和古罗马的古典建筑到中世纪的罗曼式和哥特式建筑，再到文艺复兴时期的复兴古典风格，以及后来的巴洛克、洛可可、新古典主义、浪漫主义、折中主义、新艺术运动，直至现代主义和后现代主义等，每一种风格都反映了特定时期的文化特点和社会需求。西方建筑文化并非孤立发展，与其他文化有着广泛的交流和互动。例如，通过传教士和殖民活动，西方建筑风格传播到世界各地，如在中国，西方建筑风格与本土建筑元素结合形成了独特的中西合璧的建筑风格。

随着工业化和现代化的发展，西方建筑文化经历了重大变革。现代主义建筑强调功能主义和简洁线条，摒弃了过多的装饰，追求空间的自由和灵活性。后现代主义在现代主义的基础上重新审视历史和文化传统，探索更加多样化和个性化的建筑表达。因此，西方建筑文化中蕴含着活跃的创新思维和工匠精神。建筑师不断探索新的设计理念和技术，推动建筑艺术的发展。

二、英汉建筑的翻译技巧

在建筑行业中，专业术语的运用是至关重要的。例如，Sprinkler system（自动喷水灭火系统）、steel bar（钢筋）、smoke pipe water drainage ditch（烟道排水管）等词,尽管应用范围有限,但其专业性实现了对特定概念的精确表述。这些术语的运用提升了建筑英语的精确度和严谨性,从而对建筑业的进步提供了坚实的理论支持。

除了专业术语,建筑英语还常采用各种同义词来实现对具体概念的客观和精确表达。以 elevation 为例,它在普通语境中常被理解为"提升""高度"或"海拔",但在建筑领域,它具有"立面图"的特定含义。这种词汇的丰富性增强了建筑英语的表达能力,提高了语言的准确性和客观性。

合成名词在建筑英语中扮演着重要角色。它们如同科技英语的构建模块,具有构造性强、语言简洁、信息密度高、语义明确等特性,能够准确、高效地传达信息,从而使建筑英语的表达更加精练和精确。例如：

load-bearing（受力）

storm peak flow 暴雨强度

brick masonry quality control 砖砌体质量控制

合成名词从表面上看似乎只是简单的词汇组合,口语化且易于理解。实际上它是一种高度缩略的形式,内部关系复杂,属于正式文体的一部分。在建筑英语中,合成名词的使用更显得尤为关键。例如,在建筑英语中,经常可以看到诸如 the importance of safety in construction 这样的名词化结构。通过将 importance 这一名词与介词短语 of safety in construction 结合,形成了一个完整的句子成分,既表达了原句的意思,又使句子更加紧凑和有力。

在建筑英语中,动词的名词化也是非常重要的。通过将动词转化为名词,可以使原本需要用两个句子表达的内容用一个简单句表达出来,从而提高句子的信息密度和表达效率。例如, the conduct of research 这一名词化结构就将原本需要用两个句子表达的"进行研究"和"研究的行为"两个概念合并为一个整体,使句子更加简洁明了。

建筑英语翻译具有相当的挑战性,为确保译文的高质量,译者需深入学习和精准运用专业词汇;在翻译过程中,应充分关注翻译的文化属性及实际应用需求。翻译人员应持续充实自身的知识储备与实践经验,通过广泛阅读和不断实践,更新翻译理念与技巧。在翻译过程中,应树立文化意识,重视文化差异,从多个维度审视建筑翻译,充分考虑语序、语言风格、语言习惯及语境等因素,注重语言的情感表达与美感,在准确传达原文意义的基础上,对语言进行适度润色,使译文更易读、易懂,更符合目标语言的文化环境，更具人文价值。

以潮汕传统民居建筑文化的翻译为例，自清朝"闭关锁国"以来，中国逐渐与国际脱节，未能及时进入工业化时代，传统建筑的发展也因此停滞。清末民初，因历史、经济等多重因素，中国传统文化受到西方文化的强烈冲击，文化观念逐渐西化。近年来，中国传统建筑因缺乏创新和发展，未能在现代建筑工业中占据一席之地，其结构、材料和建筑难度等方面的落后也导致其逐渐衰落。中国在对外文化交流中因经济、政治和国际形势等原因处于相对弱势。为避免进一步丧失国际文化交流中的话语权，过去多采用归化的翻译策略，以创造顺畅易读的阅读体验，但这往往忽视了自身的文化特色。

在传统建筑文化的翻译策略选择上，应更多地倾向于异化翻译策略，以零翻译、音译、逐词翻译、直译等方法为基础，辅以适当的图文注释和文化引导。在保留原文本中文化信息的同时，激发目标读者对中国文化的兴趣，促使其进一步学习和了解。当然，在中西文化相似或存在对等文化信息的文本上，可适当采用意译、改译、创译等方法，以避免读者理解困难，确保跨文化交际的顺畅进行。但无论如何，译者应摒弃以归化为主导的翻译策略，避免绝对归化造成的文化信息损失，削弱了传统建筑的文化底蕴。在传统建筑文化的英译过程中，应采用以异化为主、以归化为辅的翻译策略，确保译文易于理解，同时起到传播建筑文化的作用。译者应树立坚定的文化自信，确立自身文化的主体地位，从"我"出发，巩固自身作为文化输出方的主导权和话语权。

鉴于潮汕地区独特的地理位置和商业经济活动，其建筑形制较少受到《营造法式》等官式建筑的影响和约束，呈现出鲜明的地方文化特色。在翻译时，对于已有统一译法的建筑构件、形制等专业术语，由于其主要涉及专业信息且较少包含文化信息，应采用统一译法以保证专业信息的准确性。对于已存在通用译法但具有地方特色名称的词汇，因其包含丰富的文化信息，应更多地保留其特色名称进行翻译，以最大限度地保留其文化特点，并通过补译、增译等方法实现信息的准确传递，便于读者理解。对于中国传统文化特有的、以文化信息为主的完全文化负载词，由于其在目标文化中不存在或较少存在对等概念，应从异化的翻译策略出发，采用直译、音译等方法，并通过注释加强其可理解性，同时确保不忽视词语本身的文化内涵，避免简单解构以追求语言的等价转换。

（一）描述性词语

潮汕地区的传统民居建筑形式丰富多样，且常体现为"群落性"结构，通过各种排列组合，衍生出众多独特的样式。当地居民常依据建筑的外观特征，以生动的形象命名，如"下山虎""四点金""驷马拖车"等。在翻译此类文本时，不应仅依赖音译来保留文化内涵，以免失去其象形的描述性。这些表述中蕴含的意象是中国文化背景下的独特产物，不能因为译入语中缺乏相应的文化参照，就忽视了原有的文化特性。

以常见的"下山虎"或"爬狮"为例，其特点是中央设大厅，两侧为大房间，再分别延伸出两个小房间，形成"凹"字形结构，尤如猛虎下山或雄狮匍匐，因此得名。此类词汇是中国传统文化中的重要元素，是具象与意象的融合。如果采取直接异化的翻译，如译为 Descending tiger 或 Crawling lion，可能会使读者难以理解其象征意义，而缺乏相关文化背景的读者也可能无法准确构建其建筑形态。反之，如果采取归化的翻译，如译为 Chaoshan quadrangle with two gabled chambers，虽然保留了建筑结构，但失去了原文的文化意象，影响了文化信息的传递。因此，建议采取直译加注释的方式，如将"下山虎"译为 Descending tiger（Chaoshan quadrangle with two gabled chambers），并辅以相关图文信息，以介绍其背后的深层文化含义，如"虎"在中国文化中的象征意义等。同样，"四点金"可译为 Four points of gold（Chaoshan quadrangle with four gabled chambers），其得名原因在于四角的房间和三角形的山墙顶部，形似"金"字。在处理这类富含文化信息的词汇时，译者应采取以异化为主的翻译策略，适当添加注释，并在需要时配合图像说明，以提高文化信息的准确传达。

（二）专业术语

潮汕传统建筑作为中国传统建筑的分支，其结构和建造方法与其他地区并无显著差异。在翻译建筑专业术语时，应考虑采用适应性的策略，以利于读者理解。对于普遍的、非特异性的建筑元素，应使用普遍接受的翻译，如"柱"可译为 column，"梁"可译为 beam 等。对于中国传统建筑特有的构造和组件，由于在西方建筑中可能缺乏对应的对应物,简单的适应性策略可能无法准确传达其含义。因此,需要在异化和归化之间找到平衡,采取音译与意译并用的策略,如"门簪"可译为 Decorative Cylinders on the Door,"间"译为 Jian（a standard unit in Chinese traditional architecture）,"斗拱"译为 Dougong（a structure of interlocking wooden brackets）等。可辅以图片或文字解释,以帮助读者理解相关文化背景,弥补文化知识的空白,丰富其文化认知,从而确保传播过程中的信息准确性和文化主导权。

（三）文化负载词

潮汕地区的建筑风格与国内其他传统样式相似,具有其独有的特征。例如,"山墙"（相当于 Gable）,在该区域,其顶部装饰以象征"金、木、水、火、土"五种基本元素的形式,被称为"五行山墙"。这一概念源于中国古代的哲学思想,与西方古代的"四元素论"共享对世界基本构成的朴素理解,二者在目标受众中都有一定的可理解性。鉴于现代文化交流的广泛性,中国的"风水""五行"等传统理念已被部分西方学者熟悉,甚至被普通西方人所知晓,因此在翻译时,建议采取直译策略,将"五行"译为 Five elements,如 Gable styles of five elements,既能准确传达信息,又能保留文化意象的深度。

再如,"门面"一词,其字面意义是指正门的外观,但"面"在中华文化中蕴含着名誉、声望和社会地位等复杂含义,是一个社会学概念。值得注意的是,这种概念并非中国独有的,西方社会中也有相似的观念。随着文化交流的加深,许多西方人开始接受并使用直译的 Face 来表达类似的概念。如果仅从字面意义进行翻译,如 Appearance of the Gate,可能会丧失其文化内涵。建议采取异化翻译策略,将"门面"译为 Gate Face,保留"面子"的文化信息。由于 Face 在西方文化中也可表示人的社会地位,因此 Gate Face 同样可以传达一个家庭或家族社会地位的含义。

第六章　跨文化传播视野下中华优秀传统文化外宣翻译

在全球化的大背景下，中华优秀传统文化的外宣翻译工作显得尤为重要。它不仅能够提升中国文化的国际影响力，促进国际社会对中国的理解和认同，还能为中外文化交流搭建起一座桥梁，推动不同文化之间的交流与融合。为了实现这一目标，译者需要注重翻译的准确性、可读性和文化适应性。在翻译过程中，译者要准确传达原文的意思，避免产生歧义或误解；同时，还要注重译文的可读性，使其符合目标语读者的阅读习惯和审美标准。本章探讨跨文化传播视野下中华优秀传统文化外宣翻译，旨在促进跨文化交流与理解。

第一节　中华优秀传统文化传播的意义

一、中华优秀传统文化概述

(一)中华优秀传统文化的内涵

文化传统与传统文化二者是互动的关系，普遍认为任何文化传统都是在传统文化的背景中塑造出来的。在没有传统文化的背景下，文化传统的形成是不可能的。这并不意味着每一种传统文化都能在时间的积累和传承中逐渐演化为文化传统。"文化传统"的定义较为狭窄，而"传统文化"涵盖的领域更加广泛。更进一步地，文化的持续演进可以视作一个过程,即将固化的"传统文化"通过时代的重塑和融合,转化为鲜活的"文化传统"。如果缺乏这样的转化,某些文明的传统文化可能会逐渐凋零,甚至完全消失。例如,汤因比在其著作《历史研究》中指出,古代叙利亚、米诺斯、古代苏末和古代巴比伦等文明,因未能有效地演化为"文化传统"而渐次消亡[1],必须明确"传统文化"与"文化传统"二者之间是相互关联且不可分割的,在"推进中华优秀传统文化的创新性转化及持续发展"这一议题中,不仅凸显了"传统文化"的稳定性和持久性,同时暗示了"文化传统"的动态性与变迁性。转化和发展并不是简单地将过去的文化遗产加以改造,而是将其中包含的"现代性"激活,并使其在当代文化中继续施展其影响力,进一步在不断地演化、整合、聚合和合并中,促进中国文化的前进脉动。

在5000多年的历史演进中,中华民族铸就了优秀的文化传统,这不仅是中国人民智慧与劳动的凝结,还在其成长中融汇了外部文化的优秀元素,进而推动其深入演化,中华优秀传统文化的主干是在封建时代下构建的,难免会受到当时社会结构和知识水平的影响,其中也蕴含了一些已不适应现代的观念。在对待这一传统文化时,应提炼其核心价值,摒弃那些不再适宜的部分,并对其进行现代化的调整与革新,以持续引领新文化的创造与发展。在长时期的历史演进中,中华优秀传统文化逐渐积累并凸显出其价值,为中华民族和世界文明进程注入了宝贵的力量。这不仅对培养个人道德品质、提升国家及民族的凝聚力起到至关重要的作用,还对维护国家的一致性、增进民族的团结关系以及为中华民族的伟大复兴营造稳固的社会基础具有深远意义。中华优秀传统文化也构成了中国特色社会主义文化的核心内容,为中华民族在全球文明的波涛中提供了坚实的文化支撑。进一步强化中华优秀传统文化的教育能增进民族的自信和自尊,为中华民族持续发展注入精神动力。

对于中华优秀传统文化的定义,很多专家学者通过概念抽象或具体罗列等方式进行了比较全面的阐述。其中被广泛认可的一种阐述即中华传统文化中的精华部分就是中华优秀传统文化。在中华文化的庞大体系中,这一形容词指的是"优秀的"或"杰出的",中华优秀传统文化可以理解为中华传统文化中的杰出或积极元素。此"优秀"并非单纯的

---

[1] 阿诺德·汤因比.历史研究 插图本 上[M].上海:上海人民出版社,2019:115.

"好",是指向那些能够促进社会进步、和谐发展并适应时代变迁的文化精髓,如在治国理政的智慧中,《尚书》载:"民为邦本,本固邦宁"①,明确地指出人民是国家的基石,只有人民安宁,国家才能稳固。《道德经》中所述:"人法地,地法天,天法道,道法自然。"②这表明,古代的哲人强调人们的行为应与自然相协调,顺应客观规律,实现人与自然的和谐,体现了天人合一的哲学观点,为今日我国的生态文明和现代化建设指明了方向。再者,在中华文明的漫长历史中,众多古代先贤凭其优秀的德行留下了令人敬仰的印迹,这些由传统文化所孕育的美德不仅在当时展现出其价值,而且在今天仍然散发着魅力与光彩。以岳飞为例,其"精忠报国"的崇高精神在国家面临危机之际,表现为英勇战斗,为国家立下了不朽的功绩;而匡衡因家境贫寒却志存高远,他"凿壁偷光"的故事描述了他借邻家之光,致力学术,最终成为博学之士。这些文化传统不仅与时代进步的需求相契合,而且对于国家和社会的持续发展有着积极的促进作用,为我们在人际交往、国家治理等层面提供了宝贵的思考与启示。

简言之,中华优秀传统文化就是那些在历史长河中应时代需要产生、至今仍对社会发挥积极作用的文化遗产,在当下我们有责任继续推广和传承这些宝贵的文化资产。具体来说,一是弘扬传统美德。中华优秀传统文化强调"仁、义、礼、智、信"等,这些美德对于个人修养和社会和谐具有重要意义。在现代社会,应继续传承这些美德,让更多的人受益于传统文化的智慧。二是倡导绿色发展。中华优秀传统文化注重人与自然的和谐共生,提倡节约资源和保护环境。在当前全球生态环境恶化的情况下,弘扬这一理念,有助于推动绿色发展,建设美丽中国。三是传承工艺技艺。中华优秀传统文化包含丰富的工艺技艺,如剪纸、制陶、刺绣等,这些技艺彰显了中华民族的智慧和创造力。应将这些技艺传承下去,为现代文化创意产业提供源源不断的灵感。四是推广文学艺术。中华优秀传统文化拥有丰富的文学、音乐、舞蹈、戏剧等艺术形式,这些艺术作品传达了人们对美好生活的向往。应积极推广这些艺术形式,丰富人们的精神文化生活。五是强调家庭教育。中华优秀传统文化注重家庭教育,提倡亲子关系和谐。在现代社会,应继续弘扬这一理念,为家

---

① 孔子.尚书[M].长春:吉林文史出版社,2017:34-38.
② 老子.道德经[M].上海:上海古籍出版社,2023:96.

庭和谐、社会稳定奠定基础。六是倡导社会公平。中华优秀传统文化强调社会公平、正义,提倡扶贫济困。在当前社会贫富差距加大的背景下,弘扬这一价值观有助于实现社会公平,构建和谐社会。七是弘扬爱国主义。中华优秀传统文化强调爱国主义,提倡忠诚、担当精神。在新时代,应继续弘扬这一精神,为实现中华民族伟大复兴贡献力量。八是倡导全球合作。中华优秀传统文化强调世界大同、和合共生,提倡国际合作。在全球化的背景下,应发扬这一理念,推动构建人类命运共同体。

(二)中华优秀传统文化的价值意蕴

1. 哲学价值

中国文化源远流长,博大精深,其中蕴含的深刻哲学思想无疑是其精髓所在。儒家、道家、佛家等多元的思想体系犹如一颗颗璀璨的明珠,闪耀在中国文化的长河中。这些哲学思想深刻影响着中国人的思维方式和生活态度,对人类文明产生了深远的影响。

儒家思想强调仁爱,提倡以仁为核心的人际关系。孔子曰:"仁者爱人",这意味着人与人之间的和谐相处,关爱他人,尊重他人。儒家强调的五常伦理观念,如父慈子孝、兄友弟恭等,塑造了中国传统社会的道德规范,使家庭和睦、社会和谐。儒家思想在中国历史上的地位举足轻重,对政治、教育、文化等领域产生了深远的影响。

道家思想主张顺应自然,追求天人合一的境界。道家认为,宇宙万物皆有道,道即自然规律,意思是顺应道,便能无为而治,达到身心和谐、国家太平。道家的这种自然观念影响了中国人的世界观,体现在中医、养生、文学、艺术等各个方面。道家哲学对人类文明的重要贡献在于,它倡导人们尊重自然,保护环境,与自然和谐共生,这对当今世界的可持续发展具有重要的启示。

佛家思想以慈悲为怀,强调度己度人。佛教认为,人生苦短,一切皆为虚妄。唯有修行,才能解脱生死轮回,达到涅槃境界。佛家提倡的慈悲为怀,普度众生,使无数信徒致力于弘扬佛法,传播爱心,为世界带来和平与安宁。佛教传入中国后,与中国传统文化相融合,形成了具有中国特色的佛教文化,如禅宗、净土宗等,对中国文学、艺术、建筑等领域产生了深刻影响。

可见,中国文化的深刻哲学思想,儒、道、佛三家的核心观念,既是中国文化的瑰宝,也是人类文明的瑰宝。这些哲学思想为我们提供了处理人际关系、人与自然关系、人与社会关系等方面的智慧,对当今世界具有重要的指导意义。我们应该继续挖掘和传承这些宝贵的文化资源,为构建和谐社会、促进人类文明的发展贡献力量。

2. 时代价值

中国文化在不同的历史时期,以独特的表现形式和价值取向展现出了鲜明的时代特色。从古代的礼仪文化、宋代的理学到明清的小说,这些文化现象都是根据当时社会的特点和需求应运而生的,它们犹如一面镜子折射出了中国文化的时代精神和发展趋势。

古代的礼仪文化是我国传统文化的重要组成部分。在封建社会,礼仪是维护社会秩序、规范人际交往的重要手段。礼仪文化强调孝道、忠诚、仁爱、谦逊等美德,体现了古代社会尊重长辈、重视家族、讲究等级的特点。随着时间的推移,礼仪文化逐渐演变,融入了民间习俗和宗教信仰,形成了独具特色的传统文化。

明清时期的小说是中国文学的瑰宝。这一时期的小说创作呈现出空前繁荣的景象,如《红楼梦》《西游记》《水浒传》等名著,它们以生动的故事和鲜活的人物展现了当时社会的风貌。这些小说一方面反映了社会矛盾和民间疾苦,另一方面也抒发了作者对美好生活的向往。明清小说以其独特的艺术魅力和历史价值,成为中国文化的重要组成部分。

3. 人类文明价值

中国文化在人类文明史上具有重要地位,这是举世公认的事实,其在科技、艺术、文学等领域的独特贡献,不仅是中华文明的精髓,更是人类文明的瑰宝。其中,最为著名的当数被誉为四大发明的创新成果以及唐诗宋词、山水画等艺术瑰宝。

四大发明,即造纸术、指南针、火药、印刷术,是我国古代科技创新的智慧结晶。它们的发明对中国古代的政治、经济、文化的发展产生了巨大的推动作用。造纸术的发明极大地促进了文化的传播和保存,使知识的传播不再受制于有限的书写材料。指南针的发明为我国的航海事业提供了关键技术，推动了我国海上贸易的繁荣。火药的发明不仅推动了军事技术的发展，也在一定程度上促进了民间的烟火技艺。印刷术的发明更是极大地推动了图书出版事业的发展，使知识的传播更为广泛和快捷。

在文学艺术方面，唐诗宋词是中国古代诗歌的瑰宝，它们以优美的诗句和深远的意境，描绘了中国古代社会的风貌和人们的生活情感。山水画则是我国绘画艺术的独特流派，以其独特的表现手法和审美观念，展现了我国自然风光的美丽和人文精神的内涵。

这些独特的贡献不仅丰富了中国文化的内涵，也对世界文明产生了深远的影响。四大发明的技术和理念，通过各种途径传至西方，推动了世界科技的发展。唐诗宋词等文学作品则为世界文学史增添了浓墨重彩的一笔。山水画等艺术形式也为世界艺术史留下了宝贵的财富。

4. 精神价值

中华文化历经数千年的演变和发展，不断地积累和沉淀，已经形成了独特的民族特色和基本价值。这些基本价值深入人心，成为中华民族的精神命脉，对民族的思想、行为产生了深远的影响，使我们在世界民族之林中独具一格。

中国文化的基本价值体现在中华民族崇尚和谐、包容的哲学思想上。自古以来，我国传统文化倡导"和为贵""和而不同"的理念，强调人与自然、人与社会、人与人之间的和谐相处。这种哲学思想深入人心，使中华民族形成了宽容、谦和、友善的品格，成为我国处理人际关系、解决矛盾冲突的重要原则。

中国文化的基本价值体现在敬畏自然、尊重生命的生态伦理上。中华民族有着"天人合一"的生态观念，强调人类与自然的密切关系，提倡珍惜资源、保护环境、实现人与自然的和谐共生。这种生态伦理观念世代传承，使我国在环境保护、可持续发展等方面取得了世界瞩目的成就。

中国文化的基本价值体现在忠诚、敬业、爱国的道德情操上。自古以来，中华民族就把忠诚视为最高的道德品质，强调忠诚于国家、忠诚于民族、忠诚于事业。同时，敬业精神和爱国情怀也是我国传统文化的重要组成部分，激励着一代又一代人为国家的繁荣富强、民族的振兴而努力奋斗。

中国文化的基本价值还体现在崇尚礼仪、仁爱的社会风尚上。中华民族素有"礼仪之邦"的美誉,强调孝敬、尊敬、友爱等传统美德,形成了独特的家庭观念和社会伦理。仁爱思想也贯穿于我国文化传统的方方面面,提倡关爱他人、助人为乐,彰显了中华民族的大爱精神。

家庭观念在中国文化中占据重要地位,孝道是我们的传统美德之一。在中国家庭中,家庭成员之间相互尊重、关爱,形成了紧密的家庭纽带。家庭和谐被认为是社会稳定的基石,这种观念使中国人民在面临困境时,能够团结一心、共克时艰。

崇尚道德修养是中国文化的又一特点。自古以来,儒家学说便倡导仁、义、礼、智、信等,强调个人修养和道德品质对于社会和谐的重要性。在中国社会,道德楷模受到广泛尊敬,道德败坏者则受到谴责。这种道德观念使中国社会形成了良好的道德氛围,为国家的长治久安奠定了基础。

注重社会责任是中国文化的重要组成部分。在中国传统观念中,个人与社会紧密相连,每个人都应当承担起对社会的责任。这种责任包括对家庭、亲朋、社会公共事务等方面的担当。在这种观念的指导下,中国人民在面临国家危难时刻,能够挺身而出,为国家的繁荣富强贡献自己的力量。

5. 道德价值

中华文化"德"为灵魂的价值核心,无疑是中华文化的鲜明特征。这种特征的形成可以追溯到我国历史上的殷周之际,那个时代的社会风貌和思想观念为后来的中华文化发展奠定了坚实的基础。

德,即道德,在我国古代文化中,其地位至高无上。古人认为,道德是人们行为的准则,是国家社会的基石。在殷周时期,人们对道德的重视和对民意的关注,体现了当时社会的淳朴风气。这种风气在后来的历史进程中,逐渐演变成了中华文化的核心价值。

在中国文化中,道德不仅是一种个人品质,更是一种社会责任感。古人常说:"道德仁义,国之四维。"这充分说明了道德在国家社会中的重要地位。在那个时代,人们崇尚道德,尊重道德,把道德视为人生最高的追求。这种追求,不仅仅是为了个人的修养,更是为了社会的和谐稳定。

在我国的历史长河中,许多伟大的思想家、哲学家,如孔子、孟子、荀子等都把道德作为自己理论的核心。他们的思想不仅影响了当时的社会风气,也对后世产生了深远的影响。可以说,道德观念已经成为中华民族的文化基因深入人心。

时至今日,虽然社会环境发生了巨大的变化,但道德的价值依然不可或缺。在现代社会,我们更加需要弘扬道德,让道德的光芒照耀我们的心灵。只有这样,才能构建一个和谐美好的社会,实现国家的繁荣昌盛。

(三)中华优秀传统文化的内容精髓

1. 源远流长的语言文字

文字与语言在人类文化中占据关键地位,它们不仅为文化提供了一个传递和继承的媒介,而且是文化的核心要素。汉字与中华文化之间的纽带特别紧密,其对中华文化的继承、弘扬和进一步发展都做出了显著贡献。作为多民族国家中国的官方语言,汉语拥有着深厚的历史底蕴。与其他语言相似,汉语在其发展轨迹中,词汇、语音、语法等关键要素,都在时间长河中展现了其阶段性的变革与发展。一般的观点认为,一个文明的语言主要由语音和文字这两个符号系统组成。由于汉语包含了众多方言,跨越了不同地理区域,这使文字难以简单地代表某一种语音符号。尽管如此,汉字的形态在面对语音的演变、方言的差异或语言结构的变革时,仍保持其相对稳定性。正因为如此,只要一个人接受了充分的文字教育,无论其使用哪种方言,都能够对文义有一个清晰的解读。从这一角度分析,可以得出结论:"文字是汉语真正的实体。"汉语的出现象征着中华文化的诞生,而汉字的产生则标志着中国文化从"史前时期"迈向"有史时期"。汉字不仅是中华民族智慧的产物,更是中华文明众多象征中的瑰宝,其独特而优雅的形态中,融入了中华民族深沉的历史、璀璨的哲思和丰饶的情怀。

(1)汉字凝结厚重历史和光辉思想

汉字的起源可溯至公元前6000年的新石器时代,甚至更早。众所周知,商代时期,甲骨文已是一个成熟的文字体系。《尚书·多士》中的记载:"惟殷先人有册有典:殷革夏命。"证实在商代灭夏之时,已经利用文字在典籍中记录历史,展示了文字所具备的深重意义。[①]在中国文化中,人们经常提到"人言为信",意指人们在交往中应恪守承诺。"信"字的构造——左为"人"与右为"言"——恰当揭示了"言行不符,何以为人?"的理念,则展现了汉字在表达中的独特魅力。又如,"仁"字作为儒家哲学的关键概念,它呼吁人们应行"仁爱"之德。该字由"人"与"二"组成,简洁地强调人与人之间的基石是"仁"。因此,《孟子·离娄章句下》中所云:"爱人者,人恒爱之。"从中可以看出,汉字不仅是沟通的纽带,还深深地承载了中华优秀传统文化的思想[②]。

(2)汉字饱含丰富的情感

汉字始于甲骨文的4000余字的形态,历经或会意或指事或形声或转注或假借等方式,如今已蜕变为数万字的庞大体系。在漫长的历史长河中,中国的文人学士为其赋予的情感深厚而真挚。以《长歌行》为例:"青青园中葵,朝露待日晞。阳春布德泽,万物生光辉。"春,为四季之始;晨,表示一日之端头;朝阳,代表着生命的涵源。此诗以"青青"作为主调,展现了生命的旺盛。考察字源,"青"的原型源于"生",甲骨文中的"生"是草木繁茂的形态,这进一步印证了"青"与生命的紧密关联。《楚辞·大招》载:"青春受谢,白日昭只。"[③]杜甫的诗篇:"白日放歌须纵酒,青春做伴好还乡。"[④]李大钊的言论:"一生最好是少年,一年最好是青春。"[⑤]均展现了"青春"意指人生最充满活力的时期。因此,"青"不仅代表着生命、东方、春天等深沉的文化象征,更是人类对永恒生命的美好追求。

(3)汉字具有优雅的形体

汉字构形的魅力,部分得益于其流动的线条特质。这种特性使其能在简洁的笔触中展现丰富的物象,相较于古埃及的象形文字,更显示其独特的表现能力。北京奥运会的图标代表"篆书之美",正是对汉字这一构形特点的深入挖掘与呈现。在篆书的历史脉络中,大篆主要出现于春秋战国时的秦国,而小篆则是秦始皇统一六国后,推广"书同文"政策所采用的文字形式。图标系列"篆书之美"巧妙地利用篆书文字的均衡

[①] 孔子.尚书[M].长春:吉林文史出版社,2017:165-175.
[②] 孟子.孟子[M].哈尔滨:北方文艺出版社,2019:130-132.
[③] 全上古三代秦汉三国六朝文 第一册 上古至前汉[M].石家庄:河北教育出版社,1997:137.
[④] 刘兰英.中国古代文学词典 第5卷[M].南宁:广西教育出版社,1989:181.
[⑤] 李大钊.李大钊散文[M].上海:上海科学技术文献出版社,2013:104.

与齐整性,展现出简约而纯粹的美感,充分融合了古典的优雅韵味与现代的律动氛围,为观者带来了丰富的审美体验。

作为世界上最古老的文字之一,汉字承载着中华民族悠久的历史和文化。而中国书法作为汉字的艺术表现形式,更是将汉字的韵味和神韵展现得淋漓尽致。随着全球化的推进,汉字和文化传播的范围逐渐扩大,如何将这笔墨之间的艺术完美地呈现在世界舞台上,成为外宣翻译工作者面临的挑战。

2. 丰富多彩的文学艺术

在中华历史文化中,传统文学艺术展现了独特的魅力与价值,如同中华优秀传统文化高原中的一座巍峨之峰。衡量一个民族取得的文学艺术成果,可以以其是否丰富、多彩以及是否具备变革的特性为准绳,基于这一标准,中华民族在长达数千年的时间里,在文学艺术领域所获得的辉煌成就,无疑令世界各国和其他民族为之赞叹。古代中国在艺术领域的各个分支并不是同等的。具体评价其重要性,本书认为文学居于首位,随后是绘画与书法,其后是建筑和雕塑等。以下将对中国传统文学艺术的关键领域进行简要的探讨。

(1)文学

根据史籍的资料,中国的传统文学已有逾 3000 年的发展历程。观其演进,可以明确地划分为四个主要时代:文学的初创时期、词的繁盛时期、理论文的兴起阶段以及词与理论文齐头并进的时代。每个时代,中国的传统文学都呈现出"一代胜于一代"的特色。在这漫长的历史中,从先秦的《诗经》和《楚辞》,到诸子散文,以及汉代的赋、魏晋的诗篇、唐代的诗歌、宋代的词、元代的曲艺、明清时期的小说,各式文学形态逐一显现,相继独领文坛,共同织成了一部令人震撼的文学历史长卷。值得注重的是,"在众多文学样式中,诗歌始终被视为最早兴起且最为繁荣"的,它一直被视为中国传统文学的核心。到了南宋,有些学者甚至简单地认为词只是"诗余",即诗歌的次要衍生品。

(2)书法

在众多艺术形式中,书法最能代表中国的独特韵味。在中华文化背景下,书法不仅反映了个体的美学追求,更是宇宙美的体现。根据字体的不同,中国书法可被划分为篆、隶、楷、草、行五种主要风格。其中,篆书继承了古代象形文字的形态,并进一步细分为大篆和小篆。隶书的特点是稍显宽扁,展现出一种庄严的气质;楷书因其结构方正和笔画整齐而受到尊重;草书以其简洁的结构和流畅的笔触,呈现出自由奔放的特性;行书则既具有实用价值,又有审美意趣。书法不仅是墨迹留于纸上的艺术,它与书写者的心灵流动、情感传达都息息相关。书法与中华文化的"道"有着不可分割的联系,都源于对"自然"的观察与领悟。所有万物在"致虚极"之后都能够"并作",进而形成动与静的平衡。

（3）绘画

中国的绘画艺术起源于古代的象形文字,可追溯至上古的彩陶及青铜纹饰。鉴于书画均以线条为核心,它们彼此之间有着紧密的关联,因此有学者认为绘画可视为书法的一种延伸。经过历史的长河洗礼,中国绘画形成了宫廷、文人、宗教、市民和民间五大流派,这些流派在其核心上都秉承了共同的美学理念。首先,它们采纳了散点透视的观察法,被称为"游目",即摒弃固定的观察视点,转向"仰观俯察、远近往还"的多角度观察,如顾闳中的《韩熙载夜宴图》、张择端的《清明上河图》、夏圭的《长江万里图》等均为此法之代表。其次,他们追求"遗貌取神",意在通过形与神的完美结合,使作品既超越了物象的形态又能捕捉到其内在神韵。最后,游目式的笔法、色调与墨色相辅相成,通过线条、色彩和水墨的有机结合,构建了富有动态和空间感的视觉平面。

自古以来,绘画作品就是文化传承的重要载体。许多古代绘画作品,如《清明上河图》《千里江山图》等,通过细腻的笔触和丰富的画面,展现了当时的历史、地理、风土人情等方面的信息。这些作品不仅具有极高的艺术价值,更是后人了解古代文化的重要窗口。绘画艺术的发展对中国文化产生了深远的影响。在绘画技法、审美观念、艺术理论等方面,中国古代画家们积累了丰富的经验,为后世留下了宝贵的遗产。同时,绘画作品的传播也推动了文化的交流与融合,使中国文化艺术在世界范围内产生广泛影响。

（4）建筑

相较于西方以石材为主的建筑风格,古代中国的建筑结构大多基于木材。关于这一选择背后的原因,学界尚无确切共识。从《诗经》中的"如翚斯飞"与"作庙翼翼"可推断,早期的木结构建筑不仅规模宏大,而且强烈地体现了审美价值。这种建筑在设计初期便注重整体布局,目的是实现建筑群的有机整合,而不仅是单一建筑的构建。此类建筑准则在明清时期仍然被遵循。美学家李泽厚认为,中国古建筑之所以能展现出"结构方正、逶迤交错、气势雄浑"的特质,是由于中华民族的实践理性思维方式。虽然这只是个人观点,但不可否认的是,古代中国建筑确实融入了中华民族独特的文化气质和哲学内涵,这使其与希腊神庙、伊斯兰建筑和哥特式教堂存在明显的差异。

（5）雕塑

在中国古代丰富多彩的文化历史长河中,雕塑艺术以其深厚的历史底蕴和独特的文化价值,尽管一度被视为建筑艺术的一部分而未独立成型,但其重要性不容忽视。雕塑艺术在中国古代文化中的独特地位,通过各个历史时期的杰作得以彰显。

早在河姆渡文化时期,人们就开始用陶土塑造动物形象,如猪等家畜,这些生动的陶制动物形象不仅反映了当时人们的生活状态,也展示了他们对动物和自然的敬畏与理解。随着历史的演进,雕塑艺术逐渐发展,夏商周时期的青铜器上精美的纹饰,无疑是中国雕塑艺术的一个重要里程碑。

随着封建社会的兴起,雕塑艺术更是大放异彩。秦始皇陵兵马俑以其规模宏大、形象逼真而著称,展现了秦朝强大的军事力量和严格的统治秩序。而唐代昭陵的六骏雕像则以其精致的工艺和生动的马匹形象,体现了唐代繁荣昌盛的社会风貌。

除了陵墓雕塑,宗教雕塑在中国古代雕塑艺术中也占有重要地位。佛教雕塑尤为突出,无论是龙门石窟中气势磅礴的卢舍那大佛,还是敦煌莫高窟内被誉为"东方维纳斯"的唐代彩塑观音,都以精湛的工艺和深刻的文化内涵,展示了中国古代雕塑艺术的辉煌成就。建筑装饰雕塑和民间工艺雕塑也是中国古代雕塑艺术的重要组成部分。建筑装饰雕塑常见于宫殿、寺庙等建筑上,以其精美的图案和寓意深刻的题材,增添了建筑的艺术气息。而民间工艺雕塑则以其独特的风格和地域特色,反映了民间艺人的智慧和创造力。

（6）音乐

在古代中国文化中,礼乐文化占有举足轻重的地位,它所彰显的正是中华文化的社会主义核心价值观——和谐。孟子在《孟子·离娄上》中提到:"不以六律,不能正五音。"[①]这里的"六律"指的是周朝官学中

---

① 孟子.孟子[M].哈尔滨:北方文艺出版社,2019:146.

的"礼、乐、射、御、书、数"之中的"乐";而"五音"则指的是中国自有的五声音阶体系,即"宫、商、角、徵、羽"。《史记·孔子世家》记述孔子在齐国的时候,"与齐太师语乐,闻《韶》音,学之,三月不知肉味"。这展现了孔子对乐的热爱和深度研究。① 《论语·八佾》中,孔子对《韶》的评价为:"尽美矣,又尽善也。"② 对《武》的评价则为:"尽美矣,未尽善也。"总体来说,礼和乐在古代中国文化中的互动和融合,不仅是文化的表现,更是中华文化和谐价值观的具体体现。

二、中华优秀传统文化传播的意义体现

（一）促进中华文明传承发展的内在要求

中华文化作为中华民族的灵魂,是历史的瑰宝,也是世界文化宝库中的重要组成部分。它如同一条源远流长的河流,穿越时空,见证了中华民族的发展与变迁,承载着深厚的历史积淀和丰富的文化内涵。起源于悠久的农耕文明,中华文化在这片肥沃的土地上生根发芽,茁壮成长。农耕文明为中华文化的形成和发展提供了坚实的基础,培养了中华民族勤劳、智慧、务实的精神特质。在这片土地上,我们的祖先不仅创造了丰富的物质文明,更通过世代传承孕育出了璀璨夺目的精神文明。

数千年的历史沉淀使中华文化形成了一套独具特色的价值观和世界观,这些价值观和世界观深深植根于中华民族的文化基因中,体现了对自然和谐共生的崇尚、对家庭伦理和社会秩序的尊重以及对道德伦理的追求。这些文化精神不仅塑造了中华民族的性格,也为社会的发展和进步提供了强大的精神动力。在面对外来文化时,中华文化始终保持着积极的态度和明智的选择。通过吸收外来文化的精华,排除其中的糟粕,中华文化实现了与世界文化的交流与融合,不断丰富自身的内涵和外延。这种包容和融合的能力不仅使中华文化更加多元和丰富,也使其在世界文化舞台上更加光彩夺目。

---

① 司马迁.史记[M].北京:煤炭工业出版社,2019:77-79.
② 孔丘.论语[M].成都:四川天地出版社,2020:25-27.

（二）提升中华文化软实力的重要抓手

中华优秀传统文化是我国文化软实力的基石，其中所蕴含的丰富文化理念、人文情怀与哲学思想对现在和未来的文化发展具有重要意义。这些宝贵的文化资源不仅为国人提供了独特的文化身份认同，也为文化创新提供了源源不断的灵感。因此，十分有必要对中华优秀传统文化进行深入研究，发掘其当代价值，推动其创新发展。

（1）深入研究中华优秀传统文化的内涵与特点，包括对传统文化中的价值观、道德观、审美观等方面的系统梳理，以及对传统文化中蕴含的哲学思想、人文精神、科技智慧的全面探讨。通过深入研究，可以更好地理解传统文化的内在逻辑和体系，为当代文化创新提供理论支撑。

（2）在传承基础上传承中华优秀传统文化。传承是发展的前提，要尊重历史、继承传统，把传统文化中的优秀元素融入当代文化创作，使之成为新时代的文化符号。要把握时代脉搏，以现代人的审美需求和价值观念为导向对传统文化进行创新性发展，使之更具现代感和时代特色。

（3）加强中华优秀传统文化的国际传播。通过文化交流、文化传播、艺术交流等形式，让世界人民了解和认可中华优秀传统文化，提升我国在国际文化舞台上的影响力。积极推动中外文化互鉴互学，以中华优秀传统文化为纽带加深与世界各国人民的友谊和理解，为构建人类命运共同体贡献力量。

（4）培养一批具有国际视野、熟悉传统文化、善于创新的文化人才。人才是传承中华优秀传统文化的生力军，也是提升国家文化软实力的重要力量。要加强对人才的培养和选拔，为文化事业发展提供有力人才保障。

（三）奠定社会主义核心价值观的文化基石

2014年5月，习近平总书记在与北京大学师生的亲切交谈中，深刻指出了社会主义核心价值观与中华优秀传统文化之间存在的紧密联系。这种联系并非偶然，而是基于深厚的历史积淀和民族基因的共鸣。中华优秀传统文化作为中华民族几千年文明的结晶，其价值体系独具特色，深入人心,是民族精神和民族风骨的重要体现。

从这个层面考量,中华优秀传统文化的关键地位毋庸置疑。作为社会主义核心价值观的基石和起源,中华优秀传统文化在塑造民族精神、传扬民族文化、凝聚民族力量等方面起到了极其重要的作用,是连接中华民族的关键精神纽带,也是维护国家文化安全的重要屏障。

在新时代的大环境下,中华优秀传统文化的进步具备重大的实际价值:有利于弘扬民族精神,强化民族凝聚力与向心力;有利于传承民族文化,促进文化的创新及发展;有利于提升国家文化软实力,增强国际影响力;有利于构建社会主义和谐社会,推动社会的发展与进步。

第二节 中华优秀传统文化传播的重要途径——外宣翻译

一、外宣翻译的内涵

外宣工作离不开外宣翻译。外宣翻译是以"外宣"为纽带,以中文为源语信息,以外语为载体,以网络和媒体等渠道向外国读者传递信息的一种特殊翻译形式。其目的在于宣传中国、介绍中国,让世界更加了解中国。作为展示国家形象、传播文化价值观的重要途径,外宣工作的重要性不言而喻。在这一过程中,外宣翻译发挥着关键作用,其不仅是简单的语言转换,更重要的是文化的传递和思想的交流。通过外宣翻译,能够有效地将中国的声音传递给世界。作为一种特殊的翻译形式,外宣翻译具有独特的特点和规律——强调翻译的准确性,要求译文不仅忠实于原文内容,还要在语义、语境等方面精确无误;注重翻译的传播效果,译文应符合目标语言的文化习惯,易于理解和接受,更好地实现宣传效果;兼顾时效性,快速准确地传递最新信息,保持信息的实时更新。在外宣翻译的过程中,需要充分考虑目标受众的文化背景、语言习惯等因素。例如,在翻译中国的传统节日时,需要了解不同国家对节日的认知和习俗,选择适当的译法和表达方式使译文更具针对性和吸引力。因此,应注重译文的语言表达,运用生动形象的词汇和句式让译文更加生动有趣,吸引目标受众的注意。

在《外宣翻译导论》中,张健教授提出,广义的外宣翻译涵盖广泛,涉及所有的翻译活动,各种类型的翻译均可承担一定的外宣职责。它已不再局限于传统的、以文学作品为载体的文化交流边界,即通常所指的"大外宣"翻译观念。对于狭义的外宣翻译,张健教授认为其主要涉及的是各种媒体报道、政府公告、机构及企业介绍、公共标识等实际应用文体的翻译工作。①

张立蓉和孟祥春提出,我们需要将大量的中国信息译成外文,并通过图书、报纸、广播、网络、期刊、多媒体以及国际会议等各种方式,向世界展示和传播中国的风采。这就是外宣翻译的使命。②

曾利沙进一步指出,外宣翻译的核心在于传递客观事实,其主要目标是实现对外宣传的社会效应,而非过分强调文字符号的个性特征或美学意义。这一观点为我们理解外宣翻译提供了重要的视角。③

结合以上学者的观点,可以从以下方面深入解读外宣翻译。

第一,外宣翻译是中国走向世界的必由之路,是世界人民了解中国的重要窗口。它如同一座桥梁一样连接着中国与世界,使二者可以更好地理解、交流和沟通。

第二,外宣翻译的主要对象是国外的受众。译者需要以国外的文化背景和阅读习惯为考量,确保翻译内容被国外读者理解和接受。

第三,外宣翻译的内容广泛,几乎涵盖了中国社会生活的各个方面。从政治、经济、文化到科技、教育、环保等各个领域,都需要通过外宣翻译向世界展示中国的多元和全面。

第四,外宣翻译的传播渠道和形式也多种多样。无论是传统的图书、报纸、广播,还是现代的网络、社交媒体、多媒体等,都可以成为外宣翻译的传播平台。这种多元化的传播方式使外宣翻译的影响力得以最大化。

二、外宣翻译与中华优秀传统文化对外传播与传承

外宣翻译在传播和承续中国文化中占据举足轻重的地位。随着全

---

① 张健.外宣翻译导论[M]北京:国防工业出版社,2014:16.
② 同上.
③ 张健.外宣翻译导论[M]北京:国防工业出版社,2014:18.

球化的推进以及中国与世界各国交流的日益密切,如何精准而生动地展现中国文化的博大精深成为人们面临的重要挑战。为推动中国文化更好地对外传播与承续,外宣翻译必须持续提升质量和标准。应加强翻译队伍建设,培养一批既精通外语又熟悉中国文化的翻译人才;应加强对翻译技术的研究和应用,利用现代科技手段提高翻译的精准性和效率;应关注受众的需求和反馈,深入了解国际受众的文化背景和兴趣点,选择适合的话题和内容吸引其关注;应关注受众的反馈和意见,及时调整翻译策略和方法以满足其需求和期望。

在全球化的大背景下,中国文化对外传播与传承面临着前所未有的机遇和挑战。外宣翻译作为其中的重要一环,需要不断创新和发展,为中国文化的国际传播和传承贡献更多的智慧和力量。

三、中华优秀传统文化外宣翻译的原则

作为翻译领域中的一种特殊形式,外宣翻译具有独特的特点和要求。不同于文学翻译追求华丽的辞藻,也不同于口语翻译要求灵活应变能力,外宣翻译更注重总体性,强调翻译的目的性、真实性和时效性。这种翻译实践活动要求译者在翻译过程中既要保持原文的真实含义,又要确保信息的及时传达。

(一)凸显核心、译有所为原则

不同社会活动领域的外宣目的各异,外宣翻译的策略和原则也需根据具体情况进行有针对性的调整。在外宣翻译中,译者需要凸显核心信息,这是由外宣翻译的目的所决定的。核心信息的凸显不仅有助于目标受众快速理解原文的主旨,还能有效传达原文的意图和目的。译者在翻译过程中需要精准把握原文的核心信息,运用适当的翻译技巧和策略准确、生动地传达给目标受众。译者在外宣翻译中应发挥主体性。主体性是指译者在翻译过程中不仅要忠实于原文,还要根据翻译目的和目标受众的特点对原文进行适当的调整和创新。如果译者对自己的翻译目的缺乏敏感意识,就容易陷入直译的误区,导致译文与原文只是在表面对等,背离翻译的真正目的。因此,译者在进行外宣翻译时要时刻保持对翻译目的的清醒认识,根据实际情况灵活运用各种翻译技巧和策略。

1. 凸显核心

信息传递的有效性是外宣翻译应遵循的一条重要原则，在翻译过程中需要凸显出最核心的信息，以达到最佳的传播效果。凸显核心的原则并非简单的信息堆砌，而是根据目标受众的接受心理、兴趣和需求对同一类型宣传材料中的关联性信息进行适当的调节，突出相关信息，以达到最佳的传播效果。

在实际的外宣翻译过程中，信息的传达并非越全面越好，而是需要根据实际情况进行适当的筛选和调整。例如：

原文：我们56个民族同呼吸、共命运、心连心。

译文：The 56 ethnic groups share the same lot.

在这个例子中，汉语原文的核心思想是"共命运"，这是一种强调集体意识、共同担当命运的表达。为了强化这种共同体验，原文中巧妙地运用了三个同义结构："同呼吸""共命运"和"心连心"。这种修辞手法在汉语中常见，通过重复和强化使表达更加有力、深入人心。将这段汉语翻译成英语时，译文并没有完全保留原文的同义结构，而是将其简化为 share the same lot。这种处理方式在翻译中很常见，因为不同语言之间的表达方式和语法结构往往存在差异。如果过于追求形式上的对等可能会导致译文显得生硬、不自然，甚至可能扭曲原文的意思。这个例子也揭示了外宣翻译的重要性。外宣翻译不仅是两种语言之间的简单转换，更是一种跨文化的交流。它要求译者要精通两种语言，对两种文化有深入的了解。只有这样，才能确保译文在传达原文意思的同时符合目标语读者的语言习惯和文化背景。

2. 译有所为

翻译作为语言之间的桥梁，一直以来都承载着传递信息、沟通文化的重任。在翻译理论与实践中，忠实于原文被视为翻译的基石，原作与作者的地位被奉为至高无上。译者在这种观念下往往只是默默地跟随原文的步伐，充当着一个被动的角色。当深入探讨外宣翻译这一特定领域时会发现译者的主体性在翻译实践中起着至关重要的作用。外宣翻译的目的在于有效地传达信息，迎合目标受众的心理和文化传统。为了实现这一目标,译者往往需要"背叛"原文,对其进行适当的调整、删减、增补或改写,甚至有时需要进行重新组织。这种对原文的灵活处理正是译者主体性的体现。他们不再是简单的语言转换者,而是成为信息的解读者和文化的传播者。

随着经济社会的迅速发展,新词不断涌现,这对翻译工作者提出了更高的要求。为了准确翻译这些新词,译者需要发挥创造力,结合上下文和语境进行巧妙的转换。例如:

原文:烟台发展(股票)违规操作,最后赔了夫人又折兵。

译文: The irregular manipulation of the Yantai Fazhan (stock) led to a double loss at last.

汉语原文中的"赔了夫人又折兵"是一个成语,蕴含着独特的文化,翻译时译者应发挥其主体意识,对这一文化负载词进行适当的改写,达到传递信息的目的,对于译者而言就是"译有所为"。"赔了夫人又折兵"这一成语源自中国古代的一个历史典故,描述了孙权在追求目标时不仅未能如愿反而付出了巨大的代价。在翻译这一成语时,译者需要充分考虑目标语读者的文化背景和认知习惯,可以将"赔了夫人又折兵"翻译为 a double loss at last,这样的翻译既保留了原成语的基本含义,又符合英语读者的表达习惯。

(二)内外有别、外外有别原则

外宣翻译是一项具有挑战性的任务,它涉及将一种文化的语言和信息准确地传达给另一种文化中的受众。译者不仅是语言转换者,还是文化交流的桥梁。当目标受众主要是不熟悉汉语文化的西方人时,外宣翻译的难度就更大。英汉两种语言在语法、词汇、表达方式和文化背景等方面存在显著的差异,译者必须深入研究西方文化和西方人的心理思维模式,才能更好地理解和传达原文的含义。

1. 内外有别

内外有别原则主张在进行外宣翻译时应考虑不同读者对象、宣传目的、宣传内容、宣传方法以及语言文字等方面的差异,使译文最大限度地与译入语读者的文化规范和习惯相适应,实现信息的有效传递和传播效果的最大化。英汉两种语言在文字系统、词汇、语法以及表达方式上都有很多的不同,这使英语读者在理解和接受汉语信息时会出现一定的困难。在进行外宣翻译时译者需要充分考虑这些差异,以便更好地传达原文的信息。例如,在针对国外读者的材料翻译时,译者需要考虑到他们的政治信仰、价值观念、意识形态、宗教观等差异。

2. 外外有别

外宣翻译除了要坚持内外有别的原则,还必须实现外外有别的精细化处理。外宣翻译主要面向外国读者,这些读者来自不同的文化背景,他们的语言习惯也存在微妙的差异,如美式英语和英式英语。因此,我国的出口企业在推广产品时必须深入了解不同国家的风俗文化,确保翻译过程中充分考虑这些文化差异,防止可能带来的麻烦和损失。

在商标法的执行上各国就存在明显的差异。出口企业在设计品牌商标时必须充分尊重并符合目标市场的社会文化传统。例如,在中国,熊猫是国宝,深受中国人民喜爱,在欧美和东南亚也颇受欢迎。然而,在伊斯兰国家,熊猫却不受欢迎。孔雀在东方文化中被视为美丽的象征,但在法国有"淫妇"的贬称。这说明不同的国家有着不同的文化禁忌和偏好。在设计出口商品的商标和进行英语翻译时必须小心谨慎,避开这些可能引发误解的特殊因素。外宣翻译工作者在工作中不能采取"一刀切"的策略,需要对各个国家、各个地域的经济、政治、文化、伦理等方面的差异进行深入的分析和理解,以提高外宣翻译的针对性和效果。

(三)经济达意、形神兼备原则

在语言学领域,言简意赅、经济达意被视为一项关键的原则。经济达意,顾名思义就是用尽可能少的字词将相应的信息准确地传递出来,以达到在最短的时间内传递流畅信息的目标。这一原则在翻译领域同样适用,特别是对于外宣翻译,因为它既要求准确传递信息,又要求在形式上简洁明了。

1. 经济达意

在对外宣传的过程中，不同国家的受众群体具有各自独特的文化背景、接受能力和信息需求。译者在翻译具有浓厚文化意象的词汇时，不仅要深入理解原文的内容和核心信息，还要在双语语料库中进行细致的对比，寻找具有相似文化意象的词汇。译者还需要具备辨别次要信息和冗余信息的能力，以确保翻译出的文本能够准确、简洁地传达原文的核心价值。

张健教授所提出的外宣翻译的精准性原则显得尤为重要。他认为："在译文合乎规范的前提下，基本保留核心信息并剔除冗余信息的译文可宽泛地认为是合格的译文，而更好的译文则在更大程度上体现流畅性和次要信息。"[1] 这一观点强调了外宣翻译中不仅要保留原文的核心信息，还要注重译文的流畅性和易读性，使读者能够更加亲切地感受到原文中隐含的情感色彩。

外宣翻译的重要特征之一是反映客观事实，对信息的时效性有着极高的要求。在传达信息时译文必须准确、简明和实用，遵循经济达意的策略和可接受的原则。由于中英两国在文化、习俗、信仰和语言表达等方面存在显著差异，译者在翻译过程中需要对汉语中的套话适当删减，增加文中涉及的具有中国特色的信息，以凸显原文的隐含意义。这样不仅使译文更加忠实于原文，还能够使表达言简意赅、通俗易懂，实现经济达意效果。例如：

原文：积极推进各项配套改革。

译文：We should press ahead with all supportive reforms.

本例中，汉语中的"积极"和"推进"两个词在英语中分别对应着 go ahead 和 in a determined way。逐字翻译会导致译文的冗余和不自然。如何找到一种既准确又简洁的翻译方式显得尤为重要。英语中的 press ahead 这一表达为我们提供了一个很好的解决方案。这个表达不仅涵盖了"积极"和"推进"两个词的含义，而且表达简洁、流畅，非常符合英语的表达习惯。将"积极推进"译为 press ahead 不仅使表达更为简洁，而且有效地传递了原文的含义。

---

[1] 张健. 外宣翻译导论[M].北京：国防工业出版社,2014：156.

2. 形神兼备

外宣翻译绝非一个简单、刻板的双语间转换过程,而是一项复杂且充满挑战的任务,它要求译者在两种语言之间架起一座桥梁,确保信息的准确、及时和有效传达。在这一过程中,译者不仅要精通两种语言,更要具备清晰的逻辑思维能力,持有正确的价值观,以便准确地理解和表达复杂的事物。

外宣翻译的核心在于突出信息的重要性和传达时效性。译者需要迅速把握原文的核心内容,准确理解其背后的意图和目的,将这些信息以最直接、最有效的方式传递给目标读者。这一要求对译者来说极具挑战性,他们需要在短时间内处理大量的信息,同时确保信息的完整性和准确性。例如:

原文:虽然火箭复杂而令人难忘,但它是一种比较简单的装置,早在800多年前,中国人就发明了。

译文:Although it may appear impressive and complex, the rocket which was invented in China 800 years ago, is a relatively simple device.

本例中,译文的表达不仅做到了准确传达,还遵循了英语主次信息的一般分布原则,体现了有序之美。这种美不仅是一种语言技巧,更是一种艺术审美原则。在英语中,信息的排列通常遵循一定的逻辑顺序,即先主后次、先重要后次要,这种原则在句子结构、段落组织以及篇章布局等方面都有所体现。在句子中主语和谓语通常是最重要的信息,它们决定了句子的基本意义。其他修饰成分,如定语、状语等起补充和说明的作用,使句子更加完整和丰富。在段落和篇章中,主题句和中心思想通常位于开头或结尾,起到引领和总结的作用,其他细节和例子围绕主题句展开,形成有机的整体。

第三节　中华优秀传统文化外宣翻译中的文化空缺现象与处理对策

一、翻译活动中研究文化空缺的必要性

文化空缺，顾名思义是在源语文化中存在，而在目标语文化中不存在的文化元素、概念或现象。在翻译过程中这些元素由于缺乏对应的译语表达，往往难以准确传达甚至可能导致误解和曲解。

中华优秀传统文化博大精深，包含丰富的历史、哲学、文学、艺术等多方面的内容，其中蕴含着丰富的文化元素和独特的思想观念，对于外国读者来说存在一定的认知障碍。一些具有中国特色的文化概念，如"仁义礼智信""天人合一"等，在翻译时很难找到完全对应的英文表达，这就需要译者在翻译过程中巧妙地处理，准确传达文化内涵。为了有效应对文化空缺现象，外宣翻译工作者需要采取一系列策略：对源语文化有深入的了解和研究，准确识别出文化空缺现象；灵活运用各种翻译技巧，如直译、意译、音译等，最大限度地保留源语文化的特色；借助注释、解释等手段，帮助目标语读者更好地理解和接受中华优秀传统文化。

翻译的核心在于将一种语言所承载的信息、思想、情感等要素，巧妙地转换为另一种语言的表现形式。在这一过程中，语言不仅是简单的符号集合，更是文化的载体和传承者。在进行翻译时，对于两种语言背后的文化背景知识的深入了解，显得尤为关键。

正如著名翻译家王佐良先生所指出的那样，翻译的最大困难往往源于两种文化之间的差异。这种差异不仅体现在语言结构、词汇选择等方面，更体现在深层次的文化观念、价值取向以及思维模式方面。如何解决翻译中文化差异带来的问题，成为准确转换语言的关键所在。

汉英两种语言作为中西方文化的典型代表，其间的差异尤为显著。在汉语中，许多词汇、成语和表达方式都蕴含着深厚的文化内涵和历史背景，而在英语中则可能找不到完全对应的表达。同样，英语中的一些

概念、习俗和思维方式在汉语中也难以找到恰当的对应。这种文化内涵下的表达不对等,往往会造成不同语言之间的文化空缺现象。

当译者在翻译过程中遇到这种文化空缺现象时,需要运用一系列适当的翻译策略来应对。首先,译者需要深入了解源语和目的语的文化背景,把握其间的共性和差异。其次,译者需要灵活运用各种翻译技巧,如直译、意译、增译、减译等,最大限度地保留原文的文化特色和信息。译者还需要注重读者的接受度,确保译文在传达原文意义的同时,也能符合目的语读者的阅读习惯和审美标准。

在翻译过程中,译者不仅需要将原文承载的文化信息传递给目的语读者,还需要将源语作者明确表达或隐含其中的思想、情感、观点等各种信息传达给译语读者。这就要求译者具备深厚的语言功底和文化素养,能够准确地理解原文的深层含义和文化内涵,并将其巧妙地转化为目的语的表现形式。

随着全球化的不断推进,中西方文化的交流日益频繁。在这一背景下,翻译工作的重要性也日益凸显。通过翻译,人们可以更好地了解不同文化的特点和魅力,促进不同文化之间的交流与融合。因此,翻译工作者应不断提高自己的专业素养和文化修养,以更好地完成这一神圣而艰巨的任务。[①]

二、中华优秀传统文化外宣翻译中的文化空缺处理对策

(一)中华优秀传统文化外宣翻译中文化空缺处理原则

1.把握细节差异原则

在开展外宣翻译工作期间,必须高度重视并精确把握好每一个材料细节。翻译不仅是文字的转换,更是一种文化的传递。译者必须深入了解不同国家、不同背景之间的语言文化差异,以尽可能降低因文化差异带来的认知困难。

---

① 苏花青.汉译英中的文化空缺现象及其翻译策略[J].信阳农林学院学报,2018(3):75.

翻译人员需要认真琢磨翻译内容，理解其背后的深层含义和目的。这要求翻译人员具备丰富的知识储备和敏锐的洞察力，能够准确捕捉原文的精髓，并将其准确地传达给目标受众。

在进行细节把控时，翻译人员需要对不同国家的语言文化进行深入的分析和总结。由于不同国家的语言文化具有鲜明的特色，其语言表达方法和逻辑思维模式也存在明显的差异。翻译人员需要站在不同的文化立场上，充分考虑目标受众的文化背景和思维方式，以更好地实现翻译的准确性和合理性。

翻译人员还可以通过借鉴成功案例和经验教训来提高外宣翻译的质量和水平；可以学习一些成功的翻译案例，了解它们是如何处理文化差异和表达方式的；同时，也要总结一些失败的翻译案例，分析其中的问题和原因，避免类似的问题再次发生。

2. 理解文化差异原则

在外宣翻译的实践中，翻译人员需具备对我国丰富文化背景的深刻理解和对语言细微之处的精准把握，对其他国家的文化忌讳也应有详尽的了解。这是因为翻译不仅涉及语言的转换，更涵盖文化的交流与传播。

对于我国文化的理解与掌握，是外宣翻译工作的基础。我国历史悠久，文化博大精深，其中包含了丰富的哲学思想、道德观念、艺术审美等。翻译人员需要深入了解这些文化元素，准确传达其内涵与精髓。对于我国语言的细节，如成语、俗语、歇后语等，翻译人员也需要进行深入的挖掘与研究，以便在翻译过程中做到准确无误。

仅了解我国文化是不够的，外宣翻译还需要对其他国家的文化禁忌有所了解。不同的国家和地区有着不同的文化背景和风俗习惯，有些内容可能在本国文化中是正常的，但在其他国家文化中却可能是禁忌或敏感的。翻译人员需要广泛涉猎各国文化，了解并尊重不同国家之间的风俗观念和文化差异。

在翻译过程中，翻译人员需要对材料进行合理的筛选和保留。有些内容可能在我国文化中具有重要意义，但在其他国家文化中可能并不适用或容易引起误解。翻译人员需要根据目标受众的文化背景和接受程度，对原文进行适当的调整或删减，确保译文的准确性和可接受性。

换位思考也是外宣翻译中不可或缺的一项技能。翻译人员需要站在目标受众的角度,思考他们可能感兴趣的点、可能产生的疑问以及可能存在的文化差异。通过换位思考,翻译人员可以更好地把握译文的语气、风格和内容,提高译文的接受度和影响力。

3. 考虑社会差异原则

高质量的外宣翻译材料在促进跨文化交流与传播中扮演着至关重要的角色。为了确保翻译材料能够精准地传达中国文化的精髓,翻译人员必须注重其可读性,使读者能够以自己熟悉的阅读方式轻松把握各材料的思想内涵,从而进一步加深对中国文化的认识。

在进行外宣翻译活动时,翻译人员需要充分考虑不同国家的社会背景差异。由于不同国家的文化背景、价值观念、历史传统等方面存在差异,因此在翻译过程中需要特别关注这些差异,确保翻译材料能够符合目标读者的文化习惯和审美需求。

对于一些生僻或具有特色的词汇,翻译人员需要反复琢磨,力求准确表达其含义。在翻译过程中,翻译人员不仅要关注词汇的字面意思,更要深入了解其背后的文化内涵和历史背景。只有这样,翻译人员才能避免出现理解困难、理解错误等问题,确保翻译材料的准确性。

为了提高外宣翻译材料的可读性,翻译人员还可以采用一些具体的策略和方法。例如,可以适当增加一些解释性注释,帮助读者更好地理解一些复杂的概念和术语。翻译人员还可以通过运用生动的比喻、形象的描绘等修辞手法,使翻译材料更加生动有趣,吸引读者的注意力。

4. 掌握扎实技巧原则

书籍、杂志、报刊、公告和新闻等各类出版物无疑是外宣翻译工作的重要材料来源。这些材料不仅承载了丰富的信息和知识,更是展示中国文化、传播中国声音的重要载体。因此,进一步加强专业翻译人员的能力技巧显得尤为重要。

在培养翻译人员的基本功方面,翻译人员需要注重提高语言、文化、专业知识等多方面的素养。语言能力的强化是不可或缺的一环。翻译人员需要熟练掌握源语言和目标语言,具备准确理解和表达复杂信息的能力。他们还需要对中西方文化有深入的了解,以便在翻译过程中能够恰当地传达文化内涵和价值观。

在翻译过程中,翻译人员需要灵活运用多种翻译方式,如直译、意译、音译等,以适应不同文本的特点和需求。他们还需要充分考虑文本内容的特殊性,对敏感段落和词汇进行合理转换,确保译文的准确性和可读性。例如,在涉及政治、历史等敏感话题时,翻译人员需要谨慎处理,避免引发误解或冲突。

为了让读者充分理解中国文化的博大精深,翻译人员需要在翻译过程中注重文化元素的传递和表达。他们可以通过添加注释、解释背景知识等方式,帮助读者更好地理解文本中的文化内涵。他们还可以借鉴文学翻译的手法,运用修辞手法和生动的语言,使译文更具吸引力和感染力。

(二)中华优秀传统文化外宣翻译中文化空缺处理策略

1.遵循翻译原则

由于全球范围内存在着多种多样的民族、地区和国家,它们各自独特的文化风俗、语言表达方式等方面均存在着巨大的差异。这种差异给翻译工作带来了极大的挑战,尤其是当我们需要对不同文化的材料进行翻译时。如果只是简单地直接翻译现有材料,很可能会导致严重的理解障碍问题,甚至可能引发误解和冲突。对于翻译人员来说,他们必须时刻保持高度的敏感性和专业性,满足贴近中国实际发展现状、贴近外国读者需要及思维方式的要求。在翻译过程中,他们需要遵循一系列原则,以确保外宣翻译的质量。其中,语篇中心原则是最为重要的原则之一。翻译人员需要注意语法结构的正确性,确保全篇文章的连贯性和语境性。他们需要在理解原文的基础上,运用恰当的词汇和句式,将原文的意思准确、生动地表达出来,满足不同受众的阅读需要。

翻译人员还需要遵循内外有别原则。这一原则要求翻译人员尊重中外文化差异,在翻译过程中注意不同文化背景下的词汇和表达方式的差异。例如:

原文:吹牛

译文:talk horse

在中国文化中,"吹牛"通常用来形容夸大其词、吹嘘自己,而在英语中则可以用 talk horse 来表达类似的意思。颜色在不同文化中的象征意义也有所不同。在中国,"白色"往往代表着死亡和哀悼;在西方文化中,"白色"则通常象征着美好、纯洁和和平。翻译人员需要根据不同文化背景进行适当的转换和调整。①

外外有别原则强调在相同母语环境的国家之间,由于文化、经济、观念等差异,翻译应具备相应的适应性。例如,"郁金香"在法国的语境中可能象征着冷漠,但在土耳其文化中代表着浓烈的爱情。译者需要深入探究不同国家的文化背景和习俗,以确保翻译的准确性和恰当性。

含蓄表达的原则要求翻译者在处理原文时,不应过于直接或明显地传达意思,而应采取中立、客观的立场,间接地呈现原文的意图。这种翻译策略使读者能自我领悟文章的深层含义,并在潜移默化中受到中华文化的熏陶。通过这种方式,译者能够有效地推动文化的传播,促进不同文化间的理解和交融。

2. 活用翻译技巧

(1) 直译、音译后添加背景解释

在向国际受众介绍历史、地理以及人名时,必须考虑他们可能对我国博大精深的历史文化知识缺乏深入理解。译者在处理对外宣传材料时,应特别注重翻译的精确性和可理解性。对于历史地点,可以在翻译中融入年代、地理位置等说明性细节,以增强外国受众对这些地点的历史背景和其重要性的认知。例如,当阐述武汉市的发展历程时,可以将起始时间转化为公元纪年,即表明其源于公元前 1046 年至公元前 771 年的西周时期,这样的表达方式将使外国受众对武汉的历史根源有更清晰的认识。

在处理历史人物的翻译时,译者有责任添加其相应的公元年代,即出生和逝世的年份,并融入对其身份角色的描述。此举旨在增强外国读者对人物历史背景的理解,也能更精确地定位该人物在历史进程中的位置及其影响力。以唐朝知名的医学专家孙思邈为实例,译者可提及他的生活年代为公元 581 年至 682 年,并提及唐朝的公元时间框架,即公元

---

① 周晓茜. 中国传统文化外宣翻译研究——以《美丽中国》为例[J]. 文化创新比较研究,2022,6(12):178-181.

618年至907年。这样的表述有助于外国读者更好地领会孙思邈所处的时代背景及其在医学界的杰出贡献。

在翻译各类流行语、政治术语时,翻译人员需要对专业词汇进行详细的阐述,并添加背景解释。这不仅可以确保翻译的准确性,还可以帮助外国受众更好地理解这些词汇的含义和用法。例如:

原文:健康码

译文:Health Kit/Code(Jian Kang Ma)

翻译人员可以将其翻译为Health Kit/Code(Jian Kang Ma),并在翻译中解释其含义和用途。翻译人员还可以根据拼音标注发音,帮助外国读者在实际生活、旅游中活学活用,有效提升沟通效率。

(2)意译

在进行外宣翻译工作时,深入挖掘材料信息的深入内涵显得尤为重要。翻译工作不仅是语言的转换,更是文化传递和理解的桥梁。对于原文中的缩略语和特定术语,翻译人员需要结合全文的整体含义,将其精准地翻译为外国受众能够理解和接受的内容,确保信息的完整性和准确性。

在翻译过程中,翻译人员经常会遇到一些具有特定含义的缩略语。这些缩略语往往蕴含着丰富的信息和深刻的内涵,但如果仅按照字面意思进行翻译,可能会使外国受众感到困惑或无法理解。翻译人员需要对这些缩略语进行深入挖掘,将其背后的含义和背景信息充分展现出来。例如:

原文:四早

译文:The principle of early detection, reporting, isolation and treatment

"四早"原则是我国在疫情防控中提出的重要原则。在进行外宣翻译时,翻译人员不能简单地将其翻译为Four-early principle,因为这样无法准确传达其实际含义。相反,翻译人员应该将其译为The principle of early detection, reporting, isolation and treatment,即"早发现、早报告、早隔离、早治疗"。这样的翻译准确传达了"四早"原则的核心内容,有助于外国受众更好地理解我国的疫情防控策略和措施。

除了对缩略语的翻译需要深入挖掘外,翻译人员还需要注意在翻译过程中避免内容流于表面或无法理解的问题。这要求翻译人员在翻译时要关注语言层面的转换,关注文化层面的理解和传递。翻译人员需要了解目标受众的文化背景、语言习惯和思维方式,确保翻译的内容能够引起他们的共鸣和理解。

翻译人员还可以借助一些工具和资源来辅助外宣翻译工作。例如，翻译人员可以查阅相关的专业术语库或词典，了解特定术语在目标语言中的准确表达；可以参考一些成功的外宣翻译案例，学习他们的翻译技巧和表达方式。

（3）借用

在进行外宣翻译这一特殊领域的工作中，翻译人员不仅要掌握精准的语言技巧，还需要具备深厚的文化底蕴和敏锐的跨文化交流能力。特别是在阐述具体事物概念时，他们需要巧妙利用已有的外语表达方式，使读者能够更好地理解并接受原文的精髓。

提升译文的可读性是外宣翻译的核心目标之一。为了实现这一目标，翻译人员需要注重语言的流畅性和表达的准确性，尽量避免生硬直译和语义混淆的情况。他们应学会将原文的深层含义转化为目标语言中的自然表达，使译文既忠实于原文，又符合目标语读者的阅读习惯。例如：

原文：人心齐，泰山移

译文：When people are determined, they can overcome anything.

中国名言"人心齐，泰山移"这句古语富含哲理，表达了团结一心、共克时艰的坚定信念。然而，在将其翻译成外语时，若直接译为"People are united, Mount Tai is moved."则可能因文化差异和表达习惯的不同，导致外国受众难以理解其深层含义。[1] 在这种情况下，翻译人员需要寻找更为贴切的表达方式，以帮助外国读者加深对这一名言的理解。例如，他们可以引用国外名人的名言，如南非已故总统纳尔逊·曼德拉的名言"When people are determined, they can overcome anything." 这句话与"人心齐，泰山移"有着异曲同工之妙，都强调了团结和决心的重要性。通过引用这样的名言，翻译人员能够拉近不同文化之间的距离，使译文更具说服力和感染力。

翻译人员还需注意文化背景对翻译的影响。不同文化背景下，人们对于同一事物可能有着截然不同的看法和理解。在进行外宣翻译时，翻译人员需要充分了解目标读者的文化背景和思维习惯，以便更好地传达

---

[1] 张丽坤.传播学视角下地区特色文化外宣翻译策略研究[J].文化产业,2021(28):108-110.

原文的意图和精髓。

（4）省略

在开展外宣翻译工作的过程中，翻译人员不仅需要精通源语言和目标语言，还需要对文化背景、社会习俗以及政治环境有深入的了解，以确保翻译的准确性、流畅性和易读性。在翻译过程中，翻译人员应充分发挥其专业素养，对原文进行精准理解并恰当表达。在实际翻译实践中，翻译工作者可采取排除某些无实质意义的修饰性词汇以及不遵循常规翻译习惯的表达，以保障翻译内容的清晰性和直接性。此举有助于减少翻译过程中的冗余，使译文更为精练且准确。例如：

原文：万众一心、众志成城

译文：a united will

在翻译"万众一心、众志成城"这一表达时，鉴于其前后部分的语义相近，只需传达其核心意义，即 a united will，以避免过度修饰而可能引发的歧义。译者在处理带有修辞手法的句子时，需特别谨慎。中文中常见的排比、反复、对仗、夸张等修辞，可能在翻译过程中因文化差异造成理解障碍。译者应尽量采取实质化、精确化、客观化的表述，确保翻译内容能准确无误地体现原文的意图和深层含义。

为了确保翻译的质量，翻译人员还应注重提高自身的专业素养和文化修养。他们可以通过学习翻译理论、掌握翻译技巧、积累翻译经验等方式，不断提升自己的翻译能力。他们还应关注国内外时事动态，了解不同文化背景下的语言习惯和表达方式，以便更好地应对各种翻译挑战。

3. 提高译者素养

外宣翻译工作在推动中国文化全球传播的过程中扮演着至关重要的角色。然而，翻译活动超越了单纯的语际转换，其核心涉及文化的保育、交流与汇合。翻译工作者的个人素质直接决定了外宣翻译工作的质量。

强化翻译人员的跨文化意识培养。外宣翻译工作的跨文化特性要求译者主动充当不同文化间的桥梁，要求他们深入探究各种地域、社会和文化背景下的语言特色，以确保翻译内容既能忠实于原文精神，又能适应国外读者的接受习惯。译者应具备深刻的文化洞察力，能够揭示翻译材料的深层含义，以增强中华文化的国际影响力。在实践中，翻译人员应考虑国外读者的认知模式和理解能力，避免使用过于复杂或难以理解的词汇和表达。他们需要深入研究外国文化，熟悉当地风俗习惯和价值观念，使翻译作品更好地融入当地文化语境，以提升翻译的适应性和实效性。

尽职尽责的工作态度是确保外宣翻译工作质量的基石。翻译人员应保持高度的责任感和敬业精神，对翻译材料进行深入的研究和精细的琢磨。在涉及地点、历史、人名、数字、方位等关键信息时，翻译人员应格外小心，确保翻译的准确性和可靠性。他们还应充分评估自身的能力水平，实事求是地处理翻译任务，避免超出自身能力范围而导致的质量问题。为了提高翻译质量，翻译人员还应不断学习和更新知识。他们应深入了解英汉文化的差异和语言表达方式的异同，掌握最新的翻译理论和技巧。他们还应积极参加各种翻译培训和交流活动，与同行共同探讨外宣翻译工作的经验和问题，不断提升自身的专业素养和综合能力。

加强沟通交流是提升外宣翻译工作质量的必要手段。在文化全球化的背景下，外宣翻译工作不再是单打独斗的过程，而是需要整个团队的协作与配合。翻译人员应加强与团队成员之间的沟通与合作，共同商讨解决外宣翻译工作中的共性问题。他们还应积极与专家学者进行交流互动，寻求专业意见和建议，提高翻译的严谨性和专业性。

4. 打造专业团队

在进行文化外宣翻译工作期间，相关部门扮演着至关重要的角色。为了确保翻译工作的质量和效果，这些部门可针对不同的外宣翻译内容，创建专业的翻译团队，旨在通过专业的技能和丰富的经验，将中华文化全面而精准地展示在外国读者面前。

为了确保翻译流程的高效，相关部门需要实现采、编、译、校翻译流程的有效落实。这意味着从采集原始素材开始，到编辑整理、翻译和校对，每个环节都需要严格把控，确保信息的准确性和完整性。通过优化流程，提高翻译效率，确保翻译内容的时效性，使外国读者能够及时了解中华文化的最新动态。

在选择翻译内容时，相关人员需要注意内容的合理性、系统性和典型性。这意味着翻译内容不仅要全面反映中华文化的特点和精髓，还要注重内容的逻辑性和连贯性，避免出现信息断裂或重复的情况。选取具有典型性的内容，能够更好地展示中华文化的独特魅力和价值，吸引更多外国读者的关注和兴趣。

为了实现这一目标,相关翻译人员需要创建较为完善的文化外宣内涵体系,包括建立统一的翻译标准和规范,将特有名词固定为统一的翻译方式,确保翻译的一致性和准确性。还可以借鉴和吸收国际先进的翻译理论和方法,不断提高翻译质量和水平。在塑造中华文化品牌方面,相关部门和翻译人员需要深入挖掘中华文化的内涵和价值,通过生动的语言和形象的描绘,将中华文化的魅力展现给外国读者。还可以结合国际市场的需求和特点,推出具有针对性的文化产品和服务,以更好地满足外国读者的需求和期望。

5. 提高教学水平

在当前日新月异的时代进步中,外宣译者不仅限于精通汉语与外语,他们还应具备扎实的专业知识,同时需发展跨文化交流、信息技术应用及优良传统文化理解等多维度的技能。高等教育机构作为孕育人才的核心,应当强化对实用性人才的培育力度,通过改革教育体系、创新教学手段、优化实践就业策略等多层面改进当前的外语学科教育模式,确保学生在知识、技能和素养等各个层面都能获得全面的发展。

从体系建设方面来看,高校应建立起完善的课程体系,注重培养学生的综合素质。除了传统的语言基础课程,还应增设翻译技能、通识课程、地域文化等相关课程,使语言和文化的有机结合得以充分体现。高校还应加强与国际先进教育资源的对接,引进优质教学资源,拓宽学生的国际视野。

在教学方法上,高校应积极探索适合现代人才培养的教学模式。一方面,可以通过线上线下相结合的方式,提高教学效果;另一方面,可以引入案例分析、角色扮演、小组讨论等互动式教学方法,激发学生的学习兴趣和主动性。高校还应注重实践教学,组织学生参与各类翻译实践活动,提升他们的实际操作能力。

在实践就业方面,高校应积极与企业、机构等合作,共同培养新时代下实践型高质量人才。通过校企合作,学生可以获得更多的实践机会和就业资源,从而更好地适应社会发展趋势和行业准入要求。高校还可以邀请专业的在职翻译人员来校开设讲座,分享他们的翻译经验和行业见解,为学生提供更为直观的职业导向。

教师需积极主动地革新教育理念,探索并实施更有效的教学方法。应重视激发学生的创新意识和实践技能,充分考虑并满足学生的个性化教育需求。教师也应持续强化自身的专业素养和能力,提供更优质的教育服务。

6. 强化体制保障

当前阶段,翻译资格证书无疑成了判断翻译人员自身能力水平的重要工具。这一制度不仅是对翻译人员专业水平的认可,更是对其职业道德的约束和保障。为了进一步提高外宣翻译工作的质量,相关单位应积极构建一套专业且严谨的外宣翻译评判制度。这一制度的核心在于以资格认证的方式,帮助翻译人员规范并提高自身的职业道德。通过设立严格的考试和评审标准,可以筛选出具备专业素养和高度责任心的翻译人才,确保他们在翻译工作中能够忠实于原文,准确传达信息,同时遵守行业规范,维护良好的行业形象。

在构建外宣翻译评判制度的过程中,需注重创建完善的行业标准规范。这些规范应涵盖翻译工作的各个方面,包括术语的准确使用、语言的流畅表达、文化的恰当传递等。这些规范的制定可以为后续的翻译人员开展工作提供有效的参考,帮助他们更好地完成翻译任务,提高整体翻译质量。

为了进一步保障外宣翻译行业的整体水平,可以推行持证上岗的工作原则。这意味着所有从事外宣翻译工作的人员都必须通过相应的资格考试,获得相应的资格证书后才能上岗。这一措施可以有效提高行业的准入门槛,确保从业人员具备基本的专业素养和职业道德。还可以创新优质人才引进制度,加大对各类宣传材料的筛选力度。通过广泛招募和培养优秀的翻译人才,可以不断提升外宣翻译工作的整体水平。对宣传材料的严格筛选也可以确保我们向世界展现真实、客观、全面的中国形象。

第七章　跨文化传播视野下中国经典文学翻译

中国经典文学艺术作品承载着丰富的文化内涵和深厚的历史底蕴，是中华文化的瑰宝。在全球化的今天，如何让这些瑰宝更好地走向世界，成为国际交流与文化传播的重要课题。通过深入理解原作内涵、注重目标受众的文化背景、灵活运用翻译技巧和强化跨文化意识等方面的努力，可以更好地推动中国经典文学艺术作品走向世界舞台，展现中华文化的独特魅力。

第一节　跨文化传播视野下中国典籍文化翻译

一、典籍文化

《孟子·告子下》云："诸侯之地方百里；不百里，不足以守宗庙之典籍"，此处"典籍"指"礼制"。《辞源》和《辞海》中将"典籍"定义为"国家重要的法则文献"。

现代学术意义上的典籍范畴上自古神话，下至清代学术，绵延千年的重要作品。广义上的典籍没有时间限制，《现代汉语词典》（2015）中典籍的定义是"记录古代法令、制度的重要文献，泛指古代图书"。狭义的典籍定义更具体，更能体现某一时期典籍的特色。此外，一些定义还提到了典籍的分类。结合广义和狭义的定义，典籍指清代（19世纪中叶）以前的古籍，这些古籍具有一定的学术价值，有些代表了当时的传统地域文化。另外，我国是统一的多民族国家，在中华民族悠久的历史上，各民族共同创造了灿烂的中华文明,各民族均有自己的典籍作品。

典籍文化,顾名思义是指那些承载着深厚历史文化内涵的古代典籍及其所蕴含的文化价值。这些典籍可以是古代的经典著作、历史文献、诗词歌赋,也可以是古代的哲学思想、伦理道德、科技知识等方面的文献。

典籍文化是中华民族文化的重要组成部分,它是我们民族的精神财富和文化底蕴。典籍文化的传承和发展有助于弘扬中华优秀传统文化,促进文化多样性和人类文明进步。

典籍文化的特点在于其深厚的历史底蕴和独特的文化内涵。这些典籍所蕴含的思想观念、价值观念、审美观念等,都是中华民族文化的重要组成部分,对于认识历史、理解文化、把握时代具有重要意义。同时,典籍文化还具有广泛的应用价值。在教育、文化、艺术、科技等领域,典籍文化都能够提供宝贵的资源和启示。通过学习典籍文化,可以更好地理解历史,掌握知识,提升自身的文化素养和思维能力。典籍文化的传承和发展也面临着诸多挑战。一方面,随着时代的变迁和社会的发展,一些典籍文化逐渐被边缘化,失去了传承和发展的动力。另一方面,一些人对典籍文化的认识和理解存在偏差,导致了文化的误读和误解。

因此,需要加强对典籍文化的保护和传承,让更多的人了解和认识典籍文化,发挥其独特的文化价值和作用。要不断创新,将典籍文化与现代社会相结合,推动典籍文化的创新和发展,为中华民族文化的繁荣和发展作出更大的贡献。

二、典籍文化翻译

(一)典籍文化翻译理论

在传统翻译理论的框架下,翻译活动严格限定在语言层面。在相当长的一段时间里,翻译研究甚至被归为语言研究的任务。在这样的学术环境下,翻译研究的范围变得非常有限。译者作为翻译活动中最活跃的因素,其作用被严重忽视。随着各领域学术研究的深入,翻译研究不断汲取各领域的精华,最终摆脱了语言的束缚,成为一门独立的学科,这为翻译研究的深入发展提供了良好的基础。

翻译学界的文化转向极大地拓宽了翻译研究的视野。翻译不再仅是词与词之间的转换过程,而是一个连贯的过程,包括译前准备、翻译过程和译后读者的反馈。学者可以从多层次、多角度来研究翻译活动。在观念的转变中,译者的地位和作用越来越受到理论界和实践界的关注。

1. 译者主体性

主体是一个哲学概念,它与客体的概念相关。这对概念概括了人类一切活动的相对论关系。特定的相对性关系具有特定的主体和客体。

考虑到翻译活动的复杂性,采用广义翻译与狭义翻译的区分概念更容易被接受。狭义翻译的主体是译者,广义翻译的主体是作者、译者和读者。不能简单地将翻译定义为译者将原文转化为译文的过程。翻译本身是一个复杂的过程,涉及各种社会文化因素。作者的感知、写作形式的确定、原文本的选择、语言的转换、读者的反馈是一个紧密相连的系统。在这一系统中,作者、译者和读者都有其特定的对象。

主体间性是指主体之间的相互作用,是人的主体性的重要组成部分。主体以主体间的形式呈现,主体间的本质是个体性,因此主体间是个体间的共存形式。具体到翻译活动中的主体间性,又有其自身的特点。翻译既是作者主体性和译者主体性共存的场所,也是二者主体性间的互动方式。原文即是作者与译者交流的机会和平台,译者与读者的关系必须由译者的读者意识来表现。有学者从现代解释学的角度出发,对翻译活动进行了重新定位,将理解、解释和再创造活动纳入了翻译活动的循环中。在这个循环中,作者、译者和读者各自保持着相对独立但又相互影响、相互制约的作用,形成一个活动场域。在这一领域中,译者处于中心地位,作者、译者和读者之间进行着积极的交流。

从这些论述可以看出,倾向于将翻译主体间性描述为作者、译者和读者之间的对话。学术界也有另一种观点,认为作者、译者和读者不可能进行对话,因为作者用文字形式固定了他对世界的感知之后,作者就完全脱离了文本。也就是说,一旦作者用文字固定了他的思想,作者思想的流通就消失了。译者可以只与文本对话,而不是与作者对话。

尽管作者、译者和读者处于不同的时空,但翻译活动将他们紧密地联系在一起。虽然文字逐渐超越了语言的意义,语言的流通可能随着文字形式的产生而消失,但文字包含着作者感知客观世界的核心思想,这是译者应该接收的信息,也是译者再创造的局限。通过这个过程,作者和译者完成了他们的交流。如果译者不能通过文本与作者进行交流,那么如何达到文化传播和思想交流的意义呢?毕竟文学活动的主体也是人,文学翻译的最终目的是影响人。没有作者主体性约束的文本也失去了存在的意义。

虽然关于译者主体性的表述不尽相同,但可以归纳出译者主体性的一些特征:第一,它是译者的一种特殊的主观能动性,或者说是译者的一种积极态度;第二,它是译者的一种自觉,是对周围环境和自身经历的一种反映,是译者素质的一种本能反应;第三,译者的主体性表现为译者自觉的文化品格和审美创造力。

2. 译者主体性在典籍翻译中的表现

在讨论了译者主体性的特征后,下面从典籍翻译活动来看译者主体性的表现形式,以及译者主体性如何影响翻译过程。

在具体的翻译活动中,译者作为主体,以原文和译文为对象。因此,首先从这两个角度来分析译者的主体性。译者对原文的主体性首先表现在对原文的选择上。目的论认为,翻译是一种有目的的活动。既然是有目的的,那么译者就会对文本有选择的余地,即使在同一篇文本中,译者也会侧重于某些点,而忽略其他点。而这些关注和忽视显然都是主观主动的结果。其次,存在一个翻译前的过程,在这个过程中,译者会学习和再现原文。这一阶段的理解和解释是译者主体性被积极激发的阶段。作为读者,译者必须调动自己的全部技能、情感、精神、美学和创作来填补原文的"不确定性"和"空白"。译者还必须与原文进行沟通,调整自己的前期建构,最终达到视域的融合,从而完成对原文内涵的建构。在翻译阶段,译者必须充分发挥自己敏锐的观察力,以探索和评价原文的深刻思想和意境。在这个过程中,译者的积极性得到了积极地发挥,译者的素质也面临着极大的考验。来华传教士最初选择儒家典籍作为翻译的文本,无不体现了这一主体性,他们认识到儒家思想对中国文化的影响,为了尽快了解中国社会,首先选择儒学经典进行翻译,这也能够解释为什么《论语》持续受到译者的垂青。

比较而言,译者与译文之间的关系比译者与原文之间的关系更加自由。在翻译过程中,译者最关心的是能否达到自己的翻译目的。在进入语言转换阶段后,译者的主体性得到了极大的激发,因为译者必须用自己的感知再现原文的精髓和风味。这是整个翻译过程中最困难、最烦琐的部分，为译者提供了更大的创作空间，这个阶段可以被认为是最有创意和意义的部分。

语言转换完成后，译者的主体性还体现在译文结构的重新安排上。译者可以决定是保持原文的措辞和风格，还是对原文结构进行修改和重新安排；或者是将整个源文本呈现给目标文化，还是只选择其中最有效的部分。在这一方面，译者有很大的空间可以发挥自己的主动性来决定如何对原文进行再创作。由于出版和赞助等方面的要求，在这一阶段，译者主体性的作用似乎不像语言转换初期那么明显。正是由于译者在翻译过程中发挥主体性，同一典籍尤其是每一类型的几种代表性典籍译本呈现出多样化的特点。

如果跳出具体的翻译行为，把翻译看作一个从作者对客观世界的感知开始，到读者对译文的反馈结束的过程，译者的主体性以另一种形式发挥作用。译者与作者同为翻译主体，相互影响。一方面，译者对作者的身份认同和作者的文化背景是译者对作者能动性的调动。另一方面，译者也受到作者对客观世界的感知的制约。从结果的角度看，作者产生原文，译者产生译文。原文与译文具有同等的地位。原文是作者的产物，译者的主动性使译文具有了自己的"审美品格"，并烙上了"目的语文化认同"。典籍翻译的最终目的是传播，从读者接受的角度来审视典籍翻译，一些"误读"就有其合理性。美国诗人庞德（Ezra Pound, 1885—1972）是中国诗词爱好者，著有《神州集》（Cathay），其中对中国诗词虽然有误解与误读，但庞德的努力引起美国诗坛对中国诗词的兴趣，而且把中国文化传播到美国文化圈。

在译者与读者的主体性中，译者的译者主体性主要表现为译者的"目的语文化意识"和"读者意识"。无论译者是将感知信息隐藏在译文的文字中，还是将其放在一个单独的段落中，其目的都只有一个，即让读者体验和品味。译文在译入语中所达到的文化效果在很大程度上取决于译者对信息转换的形式和程度。译者的"读者意识"还包括读者对译者客观性的认识。客观性是主观性的前提。客体的再现和情感都要遵循客观规律，尊重客体的约束。译者主体性主要包括译文的选择和译文的处理方法，它受到目的语读者接受程度的限制。

（二）典籍文化翻译的策略

1. 语言层面

译文越接近原文的措辞,对读者来说就越显得异化,就越有可能起到修正主流话语的作用。[①] 东西方文化焦点的巨大差异造成了词义空缺现象。异化效果可以通过吸收源语文化在民族历史进程中逐渐积累并有别于其他民族的表达来实现。拿中医名词术语来看,文树德没有用目的语表达去意译、解释这些中医概念的方式,而是以中医的思维去解读,主要通过直译加注或音译加注等方式来确保译文更充分地接近原文,反映原文的真实内容。据统计,文译本共计使用了5912条脚注对译文进行注解。[②] 所有的这些译注、解读和说明为读者领会原文本之"异"提供了直接资源。

（1）直译加注

直译是表现源语文本差异性最常用的策略之一。面对特有的中式表达,文树德在文本处理上大多直译,然后采用注解去丰富直译背后蕴含的深刻含义。例如：

原文：弱而能言,幼而徇齐,长而敦敏,成而登天。

译文：While he was [still] weak, he could speak.

While he was [still] young, he was quick of apprehension.

After he had grown up, he was sincere and skillful.

After he had matured , he ascended to heaven.

注：Wang Bing: "He casted a tripod at Tripod Lake Mountain. After he had it finished（完成）, he rose to heaven in broad daylight (as an immortal)." Zhang Jiebin takes this story to be a fairy tale and interprets 登天 as "to die". Yu Yue suggested to interpret（登天) as assuming the position of ruler and he quoted the following statement from the *Yi Jing*（易经）, *Mingyi zhuan*（明

[①] 蒋晓华,张景华.重新解读韦努蒂的异化翻译理论——兼与郭建中教授商榷[J].中国翻译,2007（3）：39-43.

[②] 蒋辰雪.文树德《黄帝内经》英译本的"深度翻译"探究[J].中国翻译,2019（5）：112-120.

夷 传）to strengthen his point. Tanba Genkan adduces evidence from the almost identical passages in the *Shi Ji*（史记）, the *Da Dai Li Ji*（大戴礼记）, and the *Jia Yu*（家语）.

在处理具有显著中西文化差异的词汇"登天"时，文树德采取了直译加注解的策略，将其翻译为 ascended to heaven。随后，他在脚注中引用了不同学者的阐释，如王冰认为"登天"意味着"黄帝在鼎湖山铸鼎，鼎成后在白日升天，象征获得不死之身"；张介宾将其视作一个神话象征，代表死亡；俞樾则从《易经·明夷传》中引用"初登于天，照四国也"，以表明"登天"是继承王权的象征；丹波元简则根据《史记》《大戴礼记》《家语》的记载，提出"登天"可能含有智慧的含义。显然，"登天"一词蕴含着深厚的"异域特色"，译者并未基于个人理解进行意译，而是通过直译忠实保留了这一特性，并通过注解进一步揭示了其多元、立体的含义。

（2）音译

原文：女子七岁，肾气盛，齿更发长。

译文：In a female,

   at the age of seven,

   the Qi of the kidneys abounds.

在中国古代的哲学体系中，"气"被定义为"构成万物的基本元素"。中医学以此为基础，解读自然界的变化规律、人体的生理和病理现象，以及四季更替对健康的影响。其中，"肾气"特指由肾脏精化而来的生命活动能量。在翻译策略上，译者选择了音译并采用异化方法，将其译为 the Qi of the kidneys。Qi 这一概念深奥且富含文化含义，存在于各种状态中，因此译者选择保留其原有意象，以异化的音译呈现。这种做法不仅强调了源语言的特殊文化概念，也对目标语文化语境进行了丰富和扩展。尽管短期内可能会在跨文化交流中产生一定的理解难度，但一旦这一术语被广泛接受，将对中医理论的传播和目标语言文化的构建产生积极的促进作用。

2. 结构层面

韦努蒂说，他的翻译是要在目的语中重新创造原文中相类似的特殊表达方式，力图忠于原文中一些特殊表达，使译文和原文的关系，既是一种重现的关系,又是一种相互补充的关系。原文的医理是以"黄帝"和"岐伯"之间的对话形式来呈现,文树德在译本中同样采用对话的结构,使读者从全局了解到《内经》的话语特色。原文中有大量结构对仗的并列句式,文树德尽力保留原文句法的并列结构与句法顺序,以并置方式让英文读者真切地感受中医话语的内在结构。为了使译文与原文句型结构一致,译者使用中括号来补充原文中省略但表达了意思的词汇或短语。例如:

原文:食饮有节,起居有常,不妄作劳。

译文:[Their] eating and drinking was moderate.

[Their] rising and resting had regularity.

They did not tax [themselves] with meaningless work.

原文为并列的四字结构,且前后对仗。译文为达到与原文句型结构上的高度统一,对原文进行了模仿,并采用括号这一形式来补充相关内容以连贯文气。虽然这种非线性句式的表达并不符合英语中重前后逻辑、连贯的特点,但是这种不连贯在另一个层面上是保留了差异性和陌生性。

《黄帝内经》文译本以异化翻译为主并采用多种话语策略,正视差异、尊重差异、强调差异、保留差异,最大限度地反映了原义和原貌,保留并彰显了原文本的"文化之异"和"语言之异"。通过"存异",使处于弱势地位的中医文化在西方国家维护了自身的主体性,译者的主体性和自身价值得到了充分体现,读者领会到异域文化的特色,目的语文化也得到一定程度的丰富和发展。

第二节 跨文化传播视野下中国诗词曲赋翻译

一、诗词曲赋文化

诗词曲赋文化,简言之,便是以诗词、曲赋为载体,传递情感、思想、哲理以及历史文化内涵的一种独特文化形式。它源远流长,深深植根于中华民族的文化传统中,是中华文化瑰宝的重要组成部分。

诗词曲赋文化以其独特的艺术形式和表现手法,展现了中华民族丰富的情感世界和深邃的思想内涵。诗词以其精练的语言、优美的韵律和深远的意境,表达了人们对自然、社会、人生、情感等诸多方面的感悟和理解。曲赋则以其活泼的节奏、丰富的想象力和多样化的表现形式,生动地再现了人们的生活场景和社会风貌。

诗词曲赋文化不仅具有审美价值,更具有深厚的历史文化内涵。它承载了中华民族的历史记忆和文化传统,传递了先人对生活、自然、人性的理解和思考。通过学习和欣赏诗词曲赋,不仅能够感受到美的享受,更能深入理解中华民族的文化底蕴和精神风貌。

在当今社会,诗词曲赋文化仍然具有重要的现实意义。它不仅能够丰富人们的精神生活,提升人们的审美水平,更能够激发人们的创造力和想象力,推动文化的发展和繁荣。因此,应该积极传承和弘扬诗词曲赋文化,让这一独特而美丽的文化形式在人们的生活中绽放更加灿烂的光芒。

二、诗词曲赋文化翻译

下面综合一些译者的观点,分析中国古诗词的翻译策略。

(一)注重诗词的形式

以屈原的"骚体诗"为例,他打破了《诗经》整齐的四言句式,创造出句式可长可短、篇幅宏大、内涵丰富的"骚体诗",开创了中国浪漫主义的先河。这种独特的诗歌形式在翻译过程中具有重要的再现意义。许渊冲先生提出的"形美"概念,就是指译诗在句子和对仗工整方面尽量做到与原诗形似。[①] 他所追求的并不是简单的对号入座式的形似,而是在忠实于原文的基础上兼顾翻译规范、目标读者的阅读习惯以及审美倾向等因素,合理使用归化策略,以传达出原文的内涵和形式美。例如:

原文:揽木根以结茝兮,贯薜荔之落蕊。
矫菌桂以纫蕙兮,索胡绳之𦆕𦆕。

译文:I string clover with gather wine, oh!

---

① 许渊冲. 文学与翻译[M]. 北京:北京大学出版社,2003:201.

And fallen stamens there among.
I plait cassia tendrils and wine, oh!
Some strands of ivy green and long.

在翻译领域,许渊冲先生以其独特的翻译手法和对英汉诗歌的深刻理解,为我们展示了一种全新的翻译美学。他深知英汉诗歌之间的异同,巧妙地运用英语诗歌的平行结构,将原文诗歌的形式美展现得淋漓尽致。同时,他也成功地传达了原诗的情感内涵,实现了意美的再现。在句式方面,许渊冲的译文充分考虑了目标读者的阅读习惯。他巧妙地补出了主语"I",使译文更符合英语 SVO 结构,易于理解和接受。这种处理手法符合英语读者的阅读习惯,为译文增色不少。在第一、三句中,他巧妙地使用了字数对等的手法,构成主语对主语、谓语对谓语的结构,使译文在视觉上更加美观,给人一种和谐、平衡的感觉。除了对句式的处理外,许渊冲还充分发挥了译语的优势。在兼顾原诗形美的前提下,他采用了等化的译法,将"落蕊""菌桂"等意象逐一译出,如 fallen stamens,cassia tendrils 等,成功地再现了原文的意象。这样的翻译让读者了解到原诗的内容,让他们在欣赏的过程中感受到美的愉悦。许渊冲的翻译艺术不仅体现在对原诗的忠实传达上,更体现在他对原文的深入理解和审美创造上。他基于原文的基础上,用符合英语语言规范的方式表达,充分调动了自己的审美能力和创造能力。他根据原诗的内容选择恰当的译诗形式,将原诗的神韵传达得淋漓尽致,做到了形神兼备。

(二)传递意境美和音韵美

《离骚》诗歌里的意象是诗人情感的寄托。许渊冲先生译诗最讲究的是传达诗的内涵意义,却又不过分拘泥于原诗。例如:

原文:椒专佞以慢慆兮,樧又欲充夫佩帏。
　　　既干进而务入兮,又何芳之能祗?
译文:The pepper flatters and looks proud, oh!
　　　It wants to fill a noble place.
　　　It tries to climb upon the cloud, oh!
　　　But it has nor fragrance nor grace.

"椒"与"樧"在古典诗词中,常被用作描绘那些专横跋扈、心机深沉的小人形象,而"芳"字常被用来赞美品德高尚、行为端正的君子。然而，在翻译这些诗句时，译者并未对这些意象一一进行直译，而是更加注重传达诗句的内在含义和深层美感。这种翻译方式展现了诗人对小人谄媚之态的生动描绘，凸显了译者在追求意美之余，对于诗歌整体美感的尊重与保持。在许渊冲的翻译中，可以看到他采用了浅化的译法，将"佩帏"翻译为 noble place，这样的翻译既传达了原诗中小人攀附权贵的意味，又避免了直译可能带来的生硬和歧义。这种处理方式体现了译者对原文的深刻理解，展示了他对译文读者的关照。值得注意的是，许渊冲在翻译过程中巧妙地省略了部分意象，如"椒""佩帏"以及"芳"。这种省略并不是简单的忽略，而是在深入理解原文的基础上，为了更好地传达诗歌的整体意境和美感所做的选择。这种处理方式避免了译文过于冗长，保留了诗歌的简洁和凝练。在保持诗句意思的同时，许渊冲还十分注重译文的押韵和形式工整。他通过巧妙的词汇选择和句式安排，使译文在保持原文意蕴的同时兼具了音乐性和视觉美感。这种对于音美和形美的追求，正是许渊冲翻译诗学观的重要体现。

第三节 跨文化传播视野下古代散文小说翻译

一、散文小说文化

散文小说文化是一种独特的文化形态，它融合了文学、历史、哲学、艺术等多个领域，通过散文和小说这两种文学形式，传达了人类对生活的理解和感悟。

在散文小说文化中，散文以其独特的表现形式和语言风格，让读者在文字的海洋中畅游，感受到作者的情感和心境。散文不受形式的束缚，可以自由地表达作者的思想和情感，让读者在阅读的过程中感受到一种独特的审美体验。小说则以其丰富的人物形象、情节设置和背景描绘，构建了一个个虚构的世界，让读者在其中沉浸、感受、思考。小说通过对人性的深入挖掘和对社会的反思，让读者更加深入地理解人类社会的本质和人生的意义。

散文小说文化不仅是一种文学形式，更是一种文化传承和价值传递。它通过对生活的描写和思考,让人们更加深入地了解自己和世界,引导人们在忙碌的生活中寻找内心的宁静和思考的力量。散文小说文化也是一种艺术和审美的体验,它让人们在欣赏文学作品的同时,感受到文字的美妙和文化的魅力。

在当今社会,随着科技的快速发展和文化的多元化,散文小说文化仍然保持着其独特的魅力和价值。它不仅在文学领域中发挥着重要作用,也影响着人们的思想和生活方式。未来,随着人类社会的不断进步和文化的交流融合,散文小说文化将会更加丰富多彩,成为人类文化宝库中的重要组成部分。

二、散文小说文化翻译

(一)散文的翻译

1. 直译法

直译法作为一种翻译技巧,始终在翻译领域占据着重要的地位。它不仅尊重原文的语言形式,更在最大程度上保留原文的文化内涵和风格特色。在散文作品的翻译中,直译法能够凸显原文的诗意和韵味,使读者在阅读译文时仿佛置身于原作的语言环境中。例如:

原文:……我以为以蓝色或白色者为佳……

译文:...I like their blue or white flowers best...

在郁达夫《故都的秋》原文中,"蓝色或白色者为佳"这一表述凸显了作者对于冷色调的偏好。作者借由这一色彩选择,意图向读者描绘故都之秋特有的清冷与凄凉景象。这一色彩意象与故都秋景的特点相吻合,与作者当时悲凉萧索的内心情感状态相契合,从而深刻揭示了作者郁郁寡欢、沉闷苦涩的情感内涵。在英语语言文化中,冷色调同样承载着与中文相似的意象效果,因此在译文中采用了直译法,既保持了原文中萧瑟的意象,又成功传递了原文的"意美"。

2. 意译法

意译法不仅是一种翻译技巧,更是一种艺术表现方式。它要求译者在保持原文精神的基础上,灵活运用语言,使译文更加贴近读者的阅读习惯,更能够引起读者的共鸣。在运用意译法翻译散文时需要深入了解原文的背景和作者的意图,确保在翻译过程中能够准确把握其精神。例如:

原文:从槐树叶底,朝东细数着一丝一丝漏下来的日光……

译文:Turn eastward under locust trees to closely observe streaks of sunlight filtering through their foliage...

"一丝一丝"这一四字结构,形式工整且韵律和谐,恰如其分地描绘了阳光透过树叶间隙所呈现出的细腻形态,使读者能够立刻在脑海中勾勒出叶影摇曳、阳光柔和的生动画面。在英译过程中,既要确保准确传达原文的深刻含义,又要保持其音韵之美,实非易事。译者巧妙地运用了英文中常见的押头韵手法,使译文既体现了英语的音乐美与形式美,又实现了声情并茂,从而最大限度地让目标语读者能够领略到原文的艺术魅力。

(二)小说的翻译

1. 选择合适的词汇

在进行翻译工作时,译者应当审慎地根据文本的上下文以及原文作者的交际意图,精心挑选恰当的词汇,以最大限度地保留原文中的交际线索。此举旨在为译语读者营造一个与原文读者相似的认知环境,从而使他们在阅读过程中能够减少不必要的推理,实现最佳的关联效果,并深刻感受原文的独特风格。例如:

原文:曼桢和世钧单独出去吃饭,这还是第一次。起初觉得很不习惯,叔惠仿佛是他们这一个小集团的灵魂似的,少了他,马上就显得静悄悄的,只听见碗盏的声音。

译文:That left Manzhen and Shijun to go to lunch on their own. Shuhui's absence made things very quiet; he'd always been the center of their little group. Now you could even hear the dishes clinking on the table.

这句话详述了曼桢与世钧初次共进餐食的场景。鉴于两人相识尚浅,共同用餐时难免显得略感生疏,交流也不甚频繁。叔惠作为曼桢与世钧的共同友人,在三人中扮演了"核心角色"的重要地位。在翻译过程中,译者并未直接采用"灵魂"这一词的直译 soul,而是巧妙地选择了 center 作为替代,此举有助于译文读者在文本与其认知环境之间构建最佳关联,从而更全面地领悟作者的创作意图。

2. 句式结构保持一致

在某些特定情境下,译者可采取保留原文句法结构的方式,有效传递原文的交际线索至译语读者,确保译文读者能够深刻领会原作者的交际意图及独特的创作风格。例如:

原文:还有那种停棺材的小瓦屋,像狗屋似的,低低地伏在田垄里,白天来的时候就没有注意到,在这昏黄的雨夜里看到了,却有一种异样的感想。四下里静悄悄的,只听见那惶惶的犬吠声。

译文: There was a little tiled tomb, the size of a kennel, lying low on the edge of a field. They hadn't noticed it in the daytime; seeing it now, in the dusky rain, gave him an eerie feeling. It was perfectly quiet all around, except for the wailing bark of a dog.

此句详细描绘了世钧返回郊外,专为曼桢寻找手套时四周的环境氛围。原句采用一系列短句,行文流畅自如,生动展现了周遭的空旷辽阔与万籁俱寂的宁静。在翻译过程中,译者巧妙保留了原文的句法结构,确保译文的节奏与原文相契合,为读者提供了维持原文风格的交际线索。由此,译文读者能够深切体验到与原文读者相同的环境氛围与情感共鸣。

3. 保留感情色彩

每种语言均蕴含着赞美与喜爱,抑或贬斥与憎恶等情感色彩,并通过各自独特的方式加以表达。在进行小说翻译时,译者务必精准叠合其中的情感色彩,因其直接关系到原作风格的精确传递。译者应首先深入原作人物的内心世界,与人物同呼吸、共命运,以充分领会原作所蕴含的情感色彩,进而采用恰当的方式,精确无误地传达给译文读者。例如:

原文:曼桢勉强笑道:"妈,你真是的!姊姊现在不是好了么?"

译文:Ma! Manzhen forced herself to smile. Why are you going on about all this? Things are going to be good for Manlu now, aren't they?

曼桢之母提及曼璐为家中所做之种种牺牲,心中不禁涌起深深的哀愁。此时,曼桢为安抚母亲之情绪,遂言及前述之语。曼桢所言"你真是的!"虽看似埋怨之辞,实则蕴含了对母亲悲伤之情的深切体谅与慰藉。译者将此句译为"Why are you going on about all this?"更便于译文读者领悟其意,精准传递了原文的情感色彩,且完美再现了原文的风格韵味。

第四节　跨文化传播视野下古代琴棋书画翻译

一、琴棋书画文化

琴棋书画文化是中国传统文化的重要组成部分,它涵盖了音乐、棋艺、书法和绘画等多个艺术领域。这一文化形式起源于古代中国,历经数千年的发展与传承,成为中华民族独特的文化符号和精神象征。

琴棋书画文化不仅是一种艺术表现形式,更是一种生活哲学和人生智慧的体现。它强调内在修养和人文精神,追求和谐、平衡与美感,体现了中华民族对自然、社会和人生的深刻理解。

在琴棋书画文化中,琴是指传统乐器,如古琴、二胡等;棋是指围棋、象棋等智力游戏;书是指书法,即汉字的书写艺术;画则是指绘画,包括国画、水墨画等多种艺术形式。这些艺术形式相互独立又相互关联,共同构成了琴棋书画文化的丰富内涵和独特魅力。

在现代社会中,琴棋书画文化仍然具有重要的价值和意义。它不仅能够培养人们的审美能力和创造力,还能够提高人们的思维能力和决策能力。琴棋书画文化也是中华文化传承和发展的重要载体,对于弘扬中华优秀传统文化、促进文化交流和互鉴具有重要意义。

二、琴棋书画文化翻译

(一)琴棋书画翻译理论

琴棋书画翻译的理论依据主要源自中华文化的深厚底蕴和跨文化交流的实际需求。这一理论主张在翻译过程中,既要尊重源语言的文化特色,又要确保目标语读者能够理解并接受所传达的信息。

琴棋书画作为中国传统文化的重要组成部分,蕴含着丰富的历史、哲学和审美内涵。在翻译过程中,必须深入理解这些文化元素的背后意义,以确保翻译的准确性和完整性。例如,在翻译关于古琴的文献时,译者需要了解古琴的历史背景、音乐特点以及在中国文化中的地位,确保目标语读者能够领略到古琴艺术的独特魅力。

琴棋书画翻译要注重语言之间的对比与协调。不同语言具有不同的表达习惯和语法结构,因此在翻译过程中需要灵活运用各种翻译技巧,以确保译文既忠实于原文,又符合目标语言的表达习惯。这要求译者具备扎实的语言功底和丰富的翻译经验,以便在保持原文意义的基础上,实现语言的优化和再创造。

琴棋书画翻译应遵循跨文化交流的原则。在全球化背景下,跨文化交流已成为推动人类文明进步的重要动力。琴棋书画作为中华文化的瑰宝,通过翻译传播到世界各地,有助于增进不同文化之间的相互了解和尊重。因此,在翻译过程中,译者需要关注目标语读者的文化背景和审美需求,以确保翻译作品能够在不同文化背景下产生积极的影响。

琴棋书画翻译的理论依据涵盖了文化理解、语言对比和跨文化交流等多个方面。这些原则为翻译实践提供了指导,有助于推动中华文化的传播和世界文化的交流与融合。

(二)琴棋书画翻译的策略

琴棋书画是中国古代文化的瑰宝,体现了中华民族的深厚文化底蕴和独特的审美观念。这四种艺术形式各具特色又相互交融,共同构成了中国传统文化的独特魅力。在全球化的大背景下,将这些传统文化元素翻译成外文,让更多人了解和欣赏,显得尤为重要。

琴即中国的传统乐器——古琴,被誉为"东方钢琴"。它的音色悠扬,富有诗意,是古人抒发情感、表达志趣的重要工具。在翻译过程中,需要充分考虑古琴的音色特点和文化内涵,采用恰当的译法,如使用 ancient Chinese lute 或 Qin 等,让外国读者能够准确理解其文化背景和艺术价值。

棋指的是围棋,这是中国特有的一种策略性棋类游戏。围棋蕴含着丰富的哲学思想,如"阴阳调和""天人合一"等。在翻译时,可以采用 Go 这一国际通用的术语,同时辅以解释性文字,介绍围棋的起源、规则和文化内涵,帮助外国读者更好地理解和欣赏这一古老的游戏。

书即书法,是中国特有的一种艺术形式,以笔、墨、纸、砚为工具,通过书写汉字来表达情感和审美。书法不仅是一种文字书写技巧,更是一种文化修养和精神追求。在翻译过程中,可以采用 calligraphy 这一术语,同时结合具体的书法作品进行解读,让外国读者感受到中国书法的独特魅力和文化内涵。

画即中国画,是中国传统绘画艺术的代表。中国画注重意境和气韵生动,以笔墨为主要表现手段,追求"形似"与"神似"的统一。在翻译时,可以采用 Chinese painting 这一术语,同时结合具体的画作进行解读,让外国读者领略到中国画所蕴含的哲学思想和审美观念。

第八章　跨文化传播视野下中国其他优秀文化翻译

中华优秀传统文化博大精深,包含了很多因素,如中医、中国传统科技、中国传统技艺文化等,就是其中的典型代表。这些传统文化元素无不蕴含着中华民族的智慧与精神,传承着中华文明的独特魅力。在中医领域,博大精深的理论体系与丰富的实践经验,为人类的健康事业做出了巨大的贡献。针灸、推拿、中药等独特的治疗方式具有显著的治疗效果,体现了人与自然和谐共生的哲学思想。在中国传统科技方面,古人的智慧与创新精神同样令人赞叹。造纸术、印刷术、指南针、火药等伟大发明,不仅推动了社会文明的进步,也为世界的科技发展提供了源源不断的动力。这些科技成果既体现了中华民族的勤劳与智慧,也展示了中华文明在科技领域的卓越成就。中国传统技艺文化更是丰富多彩,诸如书法、绘画、陶瓷、剪纸等技艺,都展现了中华民族的独特审美与创造力。这些技艺世代相传,承载着中华民族的文化记忆,也为我们提供了欣赏与传承中华优秀传统文化的宝贵资源。在当今时代,我们应珍视和传承中华优秀传统文化。通过对中医、中国传统科技、中国传统技艺文化等领域的翻译,可以让国外友人更好地领略到中华文明的独特魅力,也为推动中华文化的创新与发展贡献自己的力量。

第一节　跨文化传播视野下中医文化翻译

一、中医文化对外传播评析

（一）中医文化的特点

中医的理论体系源远流长，深深扎根于中国古典哲学中，其独特的概念、术语和原则都与传统文化紧密地结合在一起。这种古老而智慧的医学体系以其独特的视角和方法解读着人体的奥秘，为人类的健康事业做出了巨大贡献。在中医理论中，常常可以听到诸如"阴阳平衡""阴阳失调""阴盛阳衰"等说法，这些概念并非空穴来风，而是源于中国古代哲学思想——阴阳学说。阴阳学说认为，世间万物都可分为阴阳两面，相互对立又相互依存，共同维持着宇宙的和谐与平衡。在中医理论中，阴阳学说被广泛应用于解释人体的生理功能和病理变化，为疾病的诊断和治疗提供了重要的理论依据。中医在解释五脏的生理特征及相互关系时，还巧妙地运用了古老的五行学说。五行学说认为，木、火、土、金、水五种元素相互制约、相互滋生，共同构成了世界的万物。在中医理论中，五行学说被用来描述五脏之间的关系，即肺属金、肝属木、肾属水、心属火、脾属土。通过这种对应关系，中医能够更深入地理解五脏的生理功能和病理变化，为疾病的预防和治疗提供了有力的支持。

古代医生在了解人体的生理功能和病理状况时，主要依赖于直觉和猜测。由于当时的生产力和科学水平相对较低，他们所能做的就是客观地对认识体进行一般描述或笼统归纳。因此，在中医的术语中，常常可以看到一些模糊、笼统的表述，如在谈到"发热"时，中医有"壮热""低热""潮热""身热不扬"等不同的表述方式。由于没有具体的体温数作为参考，这些诊断往往带有一定的主观性，难以做到精确量化。中医语言中的感情色彩与文体色彩相互交织，也增加了其表述的复杂性和模糊性。例如,正气、邪气、文火、武火等概念都没有明确的"度"与"界"的概念,含义相对模糊。这种模糊性虽然在一定程度上增加了中医的灵活性和包容性,但也给学习和理解中医带来了一定的困难。

不过,正是这种独特的语言文学色彩,使中医在阐述医理医法时更加生动形象、富有诗意。中医常常使用明喻、隐喻和借喻等修辞手法来阐述医学知识。例如,"夫善用针者,取其疾也,犹拔刺也,犹雪污也,犹解结也,犹决闭也"这句话,通过四个"犹"字的明喻手法,生动形象地描述了针灸的原理和效果。又如,"胃者,水谷之海,六腑之大源也"这句话则运用了隐喻手法,将胃比作饮食之海和六腑之源,形象地表达了胃在人体消化系统中的重要地位。中医语言中的借喻也非常有趣和巧妙。比如,"观权衡规矩,而知病所主"这句话中的"权衡规矩",实际上指的是"四时脉象"。这里的"权衡规矩"与现代汉语中的含义截然不同,但在中医语言中具有特定的含义和用法。这种借喻手法丰富了中医语言的表达形式,增加了其深度和内涵。

(二)中医文化对外传播的必要性

中医作为中华民族5000多年文明史的璀璨瑰宝,深深植根于中国古典文化的肥沃土壤之中,以其博大精深的文化内涵和源远流长的历史脉络,为人类的健康事业作出了不可磨灭的贡献。如今,中医已经引起了全球范围内的高度关注,成为国际热议的焦点。

中医文化的传播不仅关乎中国软实力的构建,更是中国文化"走出去"战略的重要一环。随着全球化的深入推进,中国传统中医文化也顺应时代潮流,逐渐走向世界舞台。全球化的浪潮为中医药文化的传播提供了前所未有的机遇,创造了更加广阔的交流平台。中医文化的对外传播有助于推动中医与世界各国文化的交流与融合,进一步增进国际社会对中医的理解和认同。

近年来,随着全球范围内"中医热"的持续升温,中医药文化在国际舞台上的影响力日益增强。越来越多的国家和地区开始关注和认可中医的价值,中医药在国际市场上的地位也逐渐得到巩固和提升。这为中医药走向世界、造福全人类奠定了坚实的基础。

中医作为中华民族的瑰宝,蕴含着中华民族几千年来的智慧结晶和文化精髓。在古老的中国大地上,经过数千年的临床实践和经验积累,传统中医凭借其独特的理论体系和治疗方法,拯救了无数生灵,为人类健康事业做出了卓越贡献。

中医文化的对外传播不仅是为了传承和弘扬中华民族的优秀传统文化,更是为了肩负起为全世界人民服务的责任。通过推动中医文化的国际传播,可以让更多的人了解中医、认识中医、信任中医,进而利用中医的独特优势和方法来维护自身健康、治愈疾病。这不仅是中医文化自身发展的需要,更是对人类健康事业的积极贡献。

在全球化的大背景下,应该充分利用各种资源和平台,加强中医文化的国际传播和交流。通过举办国际中医文化节、建立中医文化交流中心、开展中医国际合作项目等方式,可以让更多的人近距离接触和了解中医文化,感受中医的独特魅力。还应该加强中医教育的国际化,培养具有国际视野和跨文化交流能力的中医人才,为中医文化的传承和发展注入新的活力。

(三)中医文化对外传播的难点

中医文化的传播并非易事,其中翻译活动扮演着至关重要的角色。在中医翻译的过程中,最具有挑战性的环节便是如何准确而恰当地翻译中医术语,以便让读者能够深入了解和感受中医术语所蕴含的丰富中国文化内涵。

中医这一融合了东方哲学与医学智慧的传统学科,蕴含着丰富的文化内涵。在中医翻译的过程中,必须充分考虑文化因素。译者需要在保留中国文化特色的同时,兼顾目标国的文化背景,从而避免文化冲突,确保中医文化能够在不同文化背景下得到有效传播。

在跨文化交际的过程中,译者扮演着桥梁的角色。他们不仅要精通两种语言,更要对两种文化有深入的了解。以中医术语"青龙汤"和"白虎汤"为例,如果直接翻译为 Blue dragon decoction 和 White tiger decoction,外国读者可能会感到困惑,甚至误以为这两种药方是以动物器官为原料制成的。在西方国家,人们对动物权益的保护意识非常强烈,人与动物之间的关系十分和谐。这样的翻译无疑会损害中国的国家形象,阻碍世界对中医的正确认识。

不同文化背景下的动物象征意义也存在差异。在西方文化中,龙通常被视为暴力和邪恶的象征;在中国文化中,龙则代表着吉祥和力量,是神圣而崇高的存在,象征着中华文化和民族精神。译者在翻译这类具有特殊文化内涵的词汇时,必须仔细权衡各种因素,既要保留中华文化的内涵,又要避免引起误解和冲突。

为了实现这一目标,译者需要采取一系列策略和方法。首先,需要深入了解中医术语的含义和背景,以确保翻译的准确性和完整性。其次,需要根据目标国的文化背景和读者的阅读习惯,对中医术语进行适当的调整和优化。例如,可以采用解释性翻译或意译等方法,以便更好地传达中医术语的文化内涵和医学价值。

译者还需要借助现代科技手段,如机器翻译和人工智能等辅助工具,提高翻译效率和准确性。另外,还需要不断学习和更新自己的知识库,以适应中医文化不断发展和变化的需求。

二、中医文化翻译的常见策略

（一）中医对外翻译中的归化策略

翻译学中所谓"归化"和"异化"的概念是由美国翻译理论家劳伦斯·韦努蒂(Lawrence Venuti)首先提出的。"归化"强调目标语的主导作用,对目标语的处理要服从目标语的语言特点和文化需要,这样可以增加译文的可读性,但会使目标读者很难理解外国文化。

1. 意译法

在中医药翻译中,归化策略的运用显得尤为重要。归化策略是指在翻译过程中,以目标语读者的阅读习惯和思维方式为导向,对原文进行适当的调整和处理,以使其更符合目标语言的表达习惯和文化背景。这种策略有助于降低读者的阅读难度,提高翻译的可读性和可接受性。

意译是归化策略的一种重要形式,它强调在翻译过程中不拘泥于原文的形式和风格,而是追求表达原文的真正含义。意译是对直译翻译的一种补充,它有助于克服直译翻译中可能出现的语义不清、表达生硬等问题。

以中医药术语的翻译为例,可以看到意译在保留本土文化特色方面的重要作用。例如,"贼风"一词在中医里指的是四季天气异常形成的恶风,如果按字面意思翻译成 thief wind,就会让人产生误解,因为 thief 在英语中通常指的是"小偷",这与中医中的"贼风"概念相差甚远。采用意译,将其翻译成 pathogenic wind,就能够准确地传达出这一术语的含义,也更符合英语读者的表达习惯。

再如,"乌风内障"这一术语描述的是导致白内障的眼睛病变,在中医中具有较高的专业性。如果按照字面意思将其翻译成 black wind interior barrier,不仅无法准确传达其医学含义,还会让目标语读者感到困惑和无法理解。采用意译,将其译成 glaucoma,则能够准确地传达出其医学含义,也更易于英语读者的理解和接受。

除了具体的术语翻译外,意译还可以应用于中医药文献的整体翻译中。在翻译中医经典著作时,可以采用意译的方法,对原文进行适度的调整和处理,以使其更符合目标语言的表达习惯和思维方式。这样不仅可以保留中医药文化的精髓,还可以让更多的英语读者了解和接受中医药文化。

2. 增译法

中医术语的一大特点是其独特的语言形式,其中大量使用古代汉字,这些汉字往往蕴含着丰富的历史、文化、起源和发展信息。如果仅仅按照字面意思进行翻译,而忽略了这些文化背景,那么翻译出来的内容往往就会失去原有的意义和价值。因此,增译法就显得尤为重要。

在汉英翻译中,增译法被广泛应用,特别是在中医术语的翻译方面。例如,中医术语"水之上源"这一表达,如果仅仅将其翻译为 upper source of water,那么对于不熟悉中医文化的读者来说,他们可能很难理解这一术语的真正含义。因此,可以采用增译法,即:"An expression referring to the lung, which is situated in the upper energizer regulating water metabolism."这样不仅传达了该术语的隐藏含义,还有助于读者更好地理解和接受这一术语。

通过增译法的运用,可以更好地保留中医术语的文化特色,同时也有助于推动中医文化的国际化传播。当然,在运用增译法时,还需要注意保持翻译的准确性和流畅性,避免因为过度解释或注释而破坏原文的意思和风格。

3. 阐释法

阐释法要求译者在理解原文的基础上不拘泥于字面意思，用解释性语言或具体细节来传达原文中隐含的文化内涵。阐释法不仅有助于读者理解原文，还能使译文更好地融入译入语文化，确保交际信息的准确传递。例如：

原文：呼吸之间，脾受谷味也，其脉在中。……脾者中州，故其脉在中，是阴阳之法也。

译文：Between exhalation and inhalation the spleen receives the taste [influences] of the grains; its [movement in the] vessels is located in the center...The spleen is [associated with] the central region, therefore its [movement in the] vessels is located in the center. These are the patterns of yin and yang.

在中医理论中，"脾受谷味"这一表述并不仅指脾脏在呼吸之间接受食物的味道。它更深层的含义是指脾脏在人体消化系统中扮演着吸收营养成分的重要角色。若将"谷味"直译为 the taste of grains，虽然在语法上无误，但忽略了"谷味"所蕴含的营养成分这一核心意义。因此，在翻译时需要运用阐释法，将"谷味"解释为 food nutrition，以更准确地传达原文的含义。同样地，在原文中，"其脉在中"出现了两次，但它们在语境中的含义有所不同。第一次出现时，它强调的是脾脏在纳运水谷精微过程中的脉动位置；第二次出现时，它强调的是脾脏居中焦，其脉动缓和适中的性质。在翻译时，不能简单地将二者都译为 vessels is located in the center，而是需要根据具体语境进行区分和阐释。为了更好地补偿译文读者缺失的文化信息，并促使交际信息得以准确传递，可以采用阐释法，将原文译为："During breathing, the spleen absorbs food nutrition, and its pulse is reflected in it; The spleen is related to the middle region, so its pulse is moderate. These are the patterns of yin and yang."这样不仅保留了原文的意义，还使译文更加易于理解，同时也融入了译入语文化。

（二）中医对外翻译中的异化策略

"异化"翻译强调在目标语的语言形式和内容中应尽量保留源语言的特点和内涵，以最大限度地体现源语言的文化异质性。

1. 直译

在中医领域，直译的应用尤为广泛。由于中医具有深厚的文化底蕴和独特的理论体系，许多术语在目标语言中并没有直接对应的表达。当目标语言中存在与中医术语直接对应的词汇时，采用直译的方式就显得尤为恰当。例如，中医理论中的心、肺、肝、胆、脾等脏腑器官，其对应的英文词汇分别是 heart, lung, liver, gallbladder 和 spleen，这些直译的词汇不仅准确传达了中医术语的含义，还保留了中医文化的特色。

除了脏腑器官的名称外，中医理论中的许多概念也可以通过直译的方式进行翻译。例如，"血虚"这一术语在中医中指的是血液不足的状态，直译为 blood deficiency 既简洁又明了。同样，"母子关系"在中医中用来描述脏腑之间的相生相克关系，直译为 mother-child relation 也准确地表达了这一概念。

值得注意的是，直译并不意味着简单地逐字翻译。在翻译过程中，需要根据语境和语义进行适当的调整和优化。以"脾主运化"的翻译为例，最初被译为"Spleen is responsible for food digestion and fluid transportation."这种翻译虽然详细解释了"脾主运化"的具体含义，但显得有些冗长。在后来的发展中，这一术语的译文逐渐演化为"The spleen controls transportation and transformation."这种形式既简洁又准确，最终被世界卫生组织颁布的国际标准所采用。

2. 音译

在中国古代文化的深远影响下，中医语言展现出了其独特的魅力，但同时也给中医术语的翻译工作带来了诸多挑战。其中最为显著的问题便是"文化空白"现象。由于中医术语蕴含了丰富的文化内涵和哲学思想，因此在翻译过程中往往难以找到合适的对应词汇，造成了信息传递的障碍。

音译作为一种有效的翻译策略,为解决中医术语翻译中的文化空白问题提供了重要途径。音译能够忠实地保留原词的发音和字形,从而避免了直译或意译可能带来的误解或歧义。对于那些具有浓厚民族文化特色的中医术语来说,音译往往能够更准确地传达其文化内涵和哲学思想。

以"阴阳"和"气"等词汇为例,它们都是中医理论中的核心概念,具有典型的中国传统文化特征。这些词汇在中医理论中扮演着至关重要的角色,是理解和运用中医理论的关键所在。由于这些词汇在其他文化中并不存在对应的概念,因此无论是直译还是意译都难以准确传达其内涵。这时音译便成了一种更为合适的翻译方式。

当然,在使用音译进行中医术语翻译时,也需要注意一些问题。首先,音译虽然能够保留原词的发音和字形,但也可能导致读者对术语的理解产生困难。在音译的同时,还需要提供必要的解释说明,以帮助读者更好地理解术语的含义和用法。其次,音译的使用也需要遵循一定的规范和标准,以确保翻译的准确性和一致性。

在这方面,一些国际组织已经做出了有益的尝试。例如,世界卫生组织2007年公布的《WHO西太平洋地区传统医学名词术语国际标准》就采用了音译和注释相结合的方式,对中医术语进行了全面的翻译和解释。这有助于读者更好地理解中医术语的内涵和用法,为中医术语的国际化传播奠定了坚实的基础。

3. 音意结合

在翻译中医术语时,特别是在表达一些抽象且富含文化内涵的概念时,经常会面临在目标语言中无法找到准确对应术语的难题。中医术语往往蕴含着深厚的哲学思想和独特的理论体系,这使其翻译工作变得尤为复杂和具有挑战性。

在翻译这些术语时,一种常见的策略是对特定部分进行意译,以便让读者能够更好地理解内容。意译是指根据原文的意义进行翻译,而不是简单地按照字面意思进行直译。通过意译,可以更好地传达中医术语所表达的核心概念和思想,帮助读者更好地理解中医的理论和实践。例如,"阴阳消长"这一术语,其内涵涉及阴阳两极相互转化、此消彼长的哲学思想。在翻译时,可以采用意译的方式,将其翻译为 waxing and waning of Yin and Yang,这样既能保留其哲学内涵,又能让读者更易于理解。对于一些更为抽象且具有特定文化内涵的术语,音译可能是一个更好的选择。音译是指按照原词的发音进行翻译,以保留其文化特色和独特性。在中医术语中,一些具有特定文化内涵的词汇如"先天之气""元气"等,往往无法通过简单的意译来准确传达其意义。因此,采用音译的方式可以更好地保留这些术语的文化内涵和特点。

第二节　跨文化传播视野下中国传统科技文化翻译

一、传统科技文化

中国古代科技文化作为中华优秀传统文化的璀璨瑰宝,不仅见证了中华民族智慧的深厚积淀,更以其独特的魅力和价值,对世界文明的发展产生了深远的影响。科技典籍作为这一文化传承的重要载体,承载着古人对自然、宇宙、生命等各个方面的深入探索与智慧结晶。

近年来,随着国家对中华优秀传统文化复兴的大力提倡,实施中国文化"走出去"的发展战略已成为时代的要求。在这一背景下,科技典籍的对外译介与传播显得尤为重要,其相关研究也备受国内外学者的关注。

在典籍翻译研究领域,众多学者针对科技典籍翻译提出了诸多具有指导意义的实践策略与方法。其中,中国古代科技术语的英译问题成为核心与难点。这一问题不仅涉及语言层面的转换,更涉及文化、历史、哲学等多个层面的交融与碰撞。从现有相关研究文献来看,微观层面的规定性研究占据了主流,主要探讨中国古代科技术语英译的"应然性"问题。虽然这些研究为我们提供了宝贵的理论支撑和实践指导,但对于"实然性"问题的探究尚显不足。换句话说,还需要进一步了解中国古代科技术语英译在实际操作中的具体情况,以及影响其翻译的各种因素。与此同时,就研究方法而言,现有研究往往局限于术语跨语转换的语言翻译分析视角,未能结合术语学本体理论对此类术语及其跨语交际的特殊性进行充分思考,相关翻译策略仍有待进一步探讨和完善。

二、中国传统科技文化翻译的原则

在翻译的过程中,译者常常面临着一个核心问题:是尽可能保留原文的特征,还是追求译文的最大可读性?这一挑战尤其在翻译中国古代科技典籍时显得尤为突出。有学者提出了两种翻译策略,即"要么尽量不打扰作者而使读者靠近作者,要么尽量不打扰读者而使作者靠近读者"。尽管这种非此即彼的二元对立模式在文学翻译中可能并不完全适用,但在处理中国古代科技典籍的英译时具有一定的参考价值。需要指出的是,中国古代科技典籍在英译之前已经经过了语内翻译,即原文本身已经历了多次解读和改编,这就导致译者手中的原文本并非完全忠实于原作者的原始创作,而是在历史长河中经过层层解读和加工的产物。基于这一点,如果再强调对原作者的"忠实"并没有太大意义,由于原文本身不再是原作者的原始意图和表达,因此译者在翻译时应更注重译文的可读性和信息的准确性。

三、中国传统科技典籍翻译的策略

(一)信息不明与增译

以《蚕书》中关于蚕种催青的描述为例,原文可能非常简洁,只提到了催青的过程和注意事项。对于没有接触过蚕桑文化的读者来说,这些描述可能会显得晦涩难懂。例如:

原文:"腊之日聚蚕种,沃以牛溲,浴于川,毋伤其藉,乃县之。始雷,卧之。五日,色青,六日,白,七日,蚕已蚕,尚卧而不伤。"

关于"腊之日聚蚕种"的问题,这里的"蚕种"究竟是指春蚕还是秋蚕呢?根据《蚕书》的相关内容,可以推断出这里的"蚕种"应该是春蚕蚕种。因为春蚕的孵化与养殖对于整年的蚕丝产量具有决定性的影响,所以古人在腊日(农历十二月初八)这一天聚集蚕种,寓意着为新的一年养蚕事业开个好头。接下来是"沃以牛溲"的问题。为什么要用牛尿浸泡蚕种呢?这其实是古人对蚕种进行消毒的一种方法。在古代,人们发现牛尿具有一定的杀菌作用,因此将其用于浸泡蚕种,可以有效地预防蚕病的发生,保证蚕种的健康。"乃县之"这一句话,则需要明确为将蚕种存于布袋悬挂在墙上或屋梁上以通风和防止鼠害。

整段文字可以译为：

译文：The eggs for incubating spring silkworms are selected in december every year. First, disinfect the selected eggs with cattle urine, then cleanse them in a river. Take care with the egg shells while washing. The cleansed eggs are then stored in cloth bags and hung on the wall or a beam for airing and avoiding mice. When spring thunder comes and mulberry trees come into leaf, the eggs are hatched for seven days in incubators which can keep a temperature range of 36 ~ 37 centigrade. They will turn dark blue on the fifth day, white on the sixth day. On the seventh day, grubs will come out, lying motionless. There is no need to worry for baby, silkworms will writhe in one or two hours and should be removed to silkworm cages.

(二)逻辑混乱与逻辑重整

众所周知,中国古代的文言文是一种高度凝练、意义深远的语言形式,其构建文章的方式往往通过小句之间的逐步推进来实现。这种推进过程中,小句与小句之间往往缺乏明显的逻辑连词,这在习惯于严谨逻辑结构的西方读者眼中,往往显得结构零散、逻辑不严谨。《伤寒论》中这段关于麻黄汤疗法的描述在西方读者看来就存在逻辑问题：

原文："太阳病,脉浮紧,无汗,发热,身疼痛,八九日不解,表证仍在,此当发其汗。服药已,微除,其人发烦,目瞑,剧者必衄,衄乃解,所以然者,阳气重故也,麻黄汤主之。"

(张仲景)

"服药已"将该段内容一分为二。前半部分详细说明了患者在何种情况下需要服用麻黄汤,而后半部分则描述了患者服用麻黄汤后的症状。这种划分方式对于熟悉文言文的读者来说,或许能够轻松理解其中的逻辑关系。然而,对于西方读者而言,缺乏明显的逻辑连词使整个段落显得支离破碎,难以准确把握作者的真正意图。进一步分析,从逻辑关系的角度来看,"麻黄汤主之"这一句子应当置于"此当发其汗"与"服药已"之间,这样的顺序更符合西方人的逻辑思维方式。但作者将其置于整段文字之末,这无疑增加了西方读者理解的难度。"服药已,微除"与"其人发烦"之间的转折关系也未得到明确的表述,这使整个段落的逻辑关系更加扑朔迷离。"所以然者,阳气重故也"这一句对于前文的解释也显得含糊不清,读者难以准确理解其与前文哪一部分存在关联。这种缺乏明确指向性的解释,在文言文中或许被视为一种高深的表达方式,但对于西方读者来说可能造成理解上的障碍。在将中国科技典籍翻译成英文时,译者需要对原文的逻辑结构进行重整,以确保译文逻辑严密、行文流畅。

下面来看译者罗希文的译文:

译 文:"Initial Yang Syndrome: Decoction of herba ephedrae should be adopted to dispel the exterior syndrome by producing perspiration when the patient has a fever, a general aching feeling, and a floating and tense pulse without perspiration for eight to nine days. After taking the decoction, when the patient feel a bit better but is restless and tend to close his eyes, or even has a epistaxis, it shows that he is recovering. This is because epistaxis reduces excessive Yang Vital Energy."

(罗希文,2007)

通过仔细对照原文和译文,可以清晰地看到译者巧妙地运用了三种方法来阐释原文中潜在的逻辑关系。这些方法不仅使译文更加准确,而且有助于读者更好地理解原文的深层含义。

译者将原文中位于末尾的"麻黄汤主之"移至译文句首,这一举措极具匠心。这样的调整使译文的逻辑结构更加清晰,突出了该段的主题——麻黄汤疗法。这种处理方式不仅符合英文的表达习惯,而且有助于读者迅速把握段落的核心内容。译者通过添加 but 一词,成功地展示了原文中"服药已,微除"与"其人发烦,目瞑,剧者必衄"之间的对比关系。这一对比关系的建立使译文在表达上更加生动、形象,同时也突出了原文中不同症状之间的差异性。增强了译文的可读性,有助于读者更加深入地理解原文的含义。译者通过添加 it 与 epistaxis 两个词语,明确地指出"所以然者,阳气重故也"这一解释仅针对"剧者必衄"这一症状,而不包括"其人发烦,目瞑"。避免了读者在理解上产生歧义,使译文更加准确、严谨,体现了译者对原文的深入理解和精细处理。

（三）陈述主观与非人称化

科技英语作为一种专业性的语言形式，倾向于通过特定的语言手段实现其陈述的客观性。被动句、减少人称代词的使用，以及避免使用情感色彩浓厚的词汇，是科技英语常用的三大手法。当我们转向中国古代科技典籍时，却发现了一个截然不同的语言现象。这些典籍中，主客体不分、主动被动不分、主动句一统天下的特点，使其陈述充满了主观色彩。以《吕氏春秋·音律》中的一段描述为例：

原文："黄钟生林钟，林钟生太蔟，太蔟生南吕，南吕生姑洗，姑洗生应钟，应钟生蕤宾，蕤宾生大吕，大吕生夷则，夷则生夹钟，夹钟生无射，无射生仲吕。"

从逻辑上看，每一个音律都是基于前一个音律经过某种变化而形成的。在这里，后者是受事，前者是范围，而潜在的主语——人，则是施事。在英语中，这种逻辑关系通常会用被动句来表达，但在汉语中采用了主动句的形式。此外，每个小句中的两个音律都是由动词"生"来连接的。这个词在汉语中具有强烈的拟人化和比喻效果，进一步增强了句子的主观色彩。来看下面的译文：

译文："Ling Zhong is developed from Huang Zhong. Tai Cu is developed from Ling Zhong. Nan Lü is developed from Tai Cu. Gu Xi is developed from Nan Lü. Ying Zhong is developed from Gu Xi. Rui Bin is developed from Ying Zhong. Da Lü is developed from Rui Bin. Yi Ze is developed from Da Lü. Jia Zhong is developed from Yi Ze. Wu Yi is developed from Jia Zhong. Zhong Lü is developed from Wu Yi."

（翟江月，2005）

对比原文和译文，可以清晰地看到翻译技巧的运用。原文中的主动句在译文中被巧妙地转换为被动句，这种转换不仅符合英语的表达习惯，还强化了描述的客观性。例如，原文中的"生"字，在译文中以中性词 develop 来呈现，既保留了原意，又使句子更具客观性。

除了这种句式转换的翻译方法外，中国古代科技典籍的英译中还常采用音译、注解等方法。音译主要用于专有名词的翻译，如中国古代的度量衡。这些度量衡单位在中国古代科技典籍中占有重要地位，通过音译的方式，能够保留其独特的文化内涵，同时也让英语读者对其有更直观的了解。音译在很多时候会和注解结合在一起使用,以便对英语读者进行必要的解释和说明。

第三节 跨文化传播视野下中国传统技艺文化翻译

一、剪纸文化翻译

(一)剪纸文化

剪纸文化是中国传统手工艺中的一种独特形式,它承载着丰富的民俗文化内涵和深厚的艺术底蕴。通过剪刀和纸张的巧妙结合,剪纸艺术家们能够创做出形态各异、精美绝伦的剪纸作品,这些作品具有极高的审美价值,承载着人们对美好生活的向往和追求。

(二)剪纸文化翻译的策略

1. 精神层剪纸术语的翻译

中国剪纸这一深深植根于自然崇拜与巫术信仰的艺术形式,鲜明地反映了民间社会的世界观、价值观与审美观。它不仅是中华民族精神文明与思想理念的集中展现,更是历史与文化交织的瑰宝。在深入剖析其内在知识体系时,特别是涉及富含民族特色的术语,必须重视地方性知识的独特性与差异性。

以剪纸艺术中的"阴剪"与"阳剪"为例,这两大术语堪称中国剪纸深层知识的核心代表。在此,"阴"与"阳"的概念并非仅代表对立,而是相互依存、互为转化的整体。此观念源自中国古代智者对宇宙万物本质规律的深刻理解,即万物均蕴含阴阳两面,二者既对立又统一,共同构成宇宙运行的基本法则。

在剪纸艺术实践中,"阴剪"与"阳剪"的技法正是这一对立统一思想的具象化表达。从艺术效果来看,二者虽互为对立,却又相辅相成。阴剪所留的空白,正是阳剪所勾勒线条的映衬;阳剪的线条,又成为阴剪留白的背景。二者既对立又统一,共同构成了一幅完整的艺术作品。这种技法的运用彰显了剪纸艺术的独特魅力,体现了中国古代哲学思想的深邃内涵。

在翻译这些术语时,必须充分考量其文化内涵与独特性。尽管音译在国外可能具有一定的辨识度,但保留音译同时也符合术语翻译的"成本—效益"考量。因此,将"阴剪"与"阳剪"分别译为 Yin cutting 与 Yang cutting,既保留了其深厚的文化内涵,又便于国际的交流传播。

2. 物质层剪纸术语的翻译

物质性是剪纸艺术的根基和灵魂。深入探讨剪纸术语的翻译,不仅有助于我们更好地理解和欣赏这门艺术,还能为非遗文化的国际传播提供有益的参考。在剪纸艺术中,术语的命名往往直观且富有内涵。以物质层中的剪纸术语为例,其命名方式直接体现了其核心概念要素。这些术语,如"蜡盘""挂笺"等,都蕴含着丰富的文化内涵和实用功能。例如,"蜡盘"一词,既表达了其作为刻刀与木桌之间的隔离物,起到保护木桌和减缓刻刀钝化的作用,同时也暗示了其表面涂抹的蜡油具有润滑功能。在翻译时,可以将其译为 waxed padding block,既准确传达了功能,又保留了文化特色。

二、茶文化翻译

(一)茶文化

自古以来,茶是中华民族的传统饮品,它不仅是一种解渴的饮料,更是一种文化的载体。在中国,自唐代起茶便成为文人墨客们的最爱,他们通过品茶来陶冶情操、修身养性,茶成为他们生活中的一部分。茶道作为茶文化的重要表现形式,更是将品茶的过程提升到了艺术的境地。茶道强调的是人与自然的和谐以及人与人之间的交流与沟通。茶文化的博大精深凝聚了中华民族几千年的智慧和情感,并以其独特的韵味和魅力成为中华文化的重要组成部分。

(二)茶文化翻译的策略

1.加强翻译审校,保证茶文化英语翻译的准确性与规范性

茶文化作为中国传统文化的重要组成部分,蕴含了丰富的历史、哲学和生活智慧。在全球化的大背景下,茶文化的英语翻译显得尤为重要,它不仅有助于西方世界了解中国的茶文化,还能促进东西方文化的交流与融合。在这一过程中,审校环节扮演着至关重要的角色。只有通过细致的审校,才能确保翻译的准确性和规范性,使茶文化的精髓得以完整呈现。

翻译人员的选择至关重要。翻译茶文化不仅要求翻译者具备扎实的英语功底,还需对茶文化有深入的了解和热爱。因此,在招聘翻译人才时,相关机构应设定严格的人才甄选标准,通过笔试和面试全面考察应聘者的专业知识、应变能力和个人素质。只有选拔出翻译能力强、茶文化知识储备丰富且综合素养高的翻译人才,才能为茶文化的英语翻译提供坚实的人才保障。

2.强化学习与交流,培养出高素质的茶文化翻译人才

在中国茶文化的国际传播中,英语翻译的质量无疑扮演着至关重要的角色。它不仅直接决定了茶文化的传播效果,而且深刻影响着茶叶贸易的全球化发展。这一任务的完成高度依赖于那些既精通英语翻译,又对中国茶文化有深入理解的复合型人才。

三、木雕文化翻译

(一)木雕文化

木雕文化源远流长,不仅是中华民族传统工艺的重要组成部分,也

是世界各地艺术家们不断追求和发扬的艺术形式。早在几千年前,我们的祖先就开始使用木材进行雕刻创作,他们通过巧妙的雕刻技巧将木材塑造成各种形态各异的艺术品,如人物、动物、植物等,展现了人类对自然和生活的热爱和向往。作为一种独特的艺术形式,木雕以其细腻的雕刻技艺、丰富的艺术表现力和深厚的历史文化内涵深受人们的喜爱和推崇。中国的木雕艺术以其精湛的技艺和丰富的文化内涵而著称于世。无论是福建的闽南木雕、广东的广府木雕还是浙江的东阳木雕,都以其独特的艺术风格和地域特色展现了中华民族传统工艺的魅力。木雕作品不仅是艺术品,更是一种文化的传承和表达,通过细腻的雕刻和生动的形象传递着古代人们的生活方式和思想观念。从木雕作品中可以看到人们对自然和生命的敬畏、对道德和伦理的追求以及对美好未来的憧憬。

(二)木雕文化翻译的策略

1. 提供精炼准确的注释

翻译是一门艺术,更是一门科学。根据翻译目的论的三大法则,译文不仅要忠实于原文,更要在跨文化交际的背景下,确保译文的可读性和可接受性。这一理论为我们提供了翻译实践中的指导原则,特别是在涉及文化内涵丰富的文本时,如武陵木雕博物馆的解说词。

以"老子"这一展品为例,它是儒道厅中的一件重要展品。如果仅仅将其音译为Laozi,外国游客可能无法理解其背后的文化内涵。因此,译者在翻译时可以采取音译加注释的方式,如:"Tao Tzu, the founder of Taoism and a great philosopher in ancient times." 这样的翻译不仅保留了原文的音韵,还通过注释帮助目标语读者更好地理解"老子"在中国文化中的地位和影响。

再比如,民俗厅中的一件展品名为"账房先生"。如果直接翻译为Accountant,外国游客可能会误以为中国的会计都穿着长袍、戴着眼镜、使用算盘作为计算工具。为了避免这种误解,译者可以将其翻译为:Mr. Accountant in ancient China,这样的翻译既保留了原文的意思,又避免了外国游客的误解。

对于"玉如意"这样的展品,译者在翻译时也可以附加注释,如 Jade Ru Yi—shaped ornamental object, formerly a symbol of good luck,这样的翻译不仅传达了"玉如意"的形状和材质,还解释了它在中国文化中的象征意义。

2. 合理采用增译或减译

在处理中英文翻译时,译者常会遇到一些在目标语中难以找到直接对应表达的文化元素或特定语境下的表达方式。在这种情况下,增译和减译成了两种有效的翻译策略。这两种策略旨在使译文更符合目标语读者的阅读习惯和审美需求,从而增强译文的可读性和可接受性。

以弥勒佛的翻译为例,原文中的描述充满了中国佛教文化的独特韵味:"这一尊是弥勒佛,大肚能容,容天下难容之事。开口便笑,笑世间可笑之人。"这段话通过形象的比喻,生动地描绘出弥勒佛宽容大度的形象。在翻译成英文时,译者采取了增译的策略,对"弥勒佛"这一名称进行了详细的解释:"This is Maitreya, who is regarded as a future Buddha of this world in the Buddhist eschatology."通过增加这一解释,译文读者能够更好地理解弥勒佛在佛教中的地位和意义,从而增强了对原文的理解。

原文中对弥勒佛形象的描述有重复的部分:"大肚能容,容天下难容之事。开口便笑,笑世间可笑之人。"在译文中,译者采取了减译的策略,将重复的部分进行了删减,仅译出其大肚和笑口常开的形象:"His belly is big enough to contain all intolerable things; his mouth is always ready to laugh at all snobbish persons."这样的处理避免了译文的冗余,使译文更加简洁明了。

3. 调整语序

中英文在表达逻辑关系时语序上存在很大的差异。这种差异主要体现在语序和表达习惯上。例如,汉语在表达逻辑关系时往往遵循"先叙事再表态"的原则,即先陈述事实或背景,再表达作者的观点或态度。英语则往往采用"先表态再叙事"的方式,即先明确表达自己的立场或观点,再进一步阐述事实或理由。

以博物馆中的一段解说词为例："这个作品就作书香女,古语称女子无才便是德,其实这里的辩,是争辩的辩……这个作品表达了古代女性对知识和男女平等的追求。"这段解说词首先通过引用古语"女子无才便是德"来介绍封建社会对女性思想的禁锢,然后逐渐揭示作品所要表达的主题——古代女性对知识和男女平等的追求。这种行文方式完全符合汉语"先叙事后表态"的逻辑顺序。

在翻译这段解说词时,译者需要充分考虑到中英文在表达逻辑关系时的差异。为了确保译文能够符合英语读者的阅读习惯和期待,译者可以在译文中先表态,即先明确表达作品的主题或意义,然后再进一步阐述其背景或理由。例如,可以将原文翻译为:"This exhibit is called a girl from a scholarly family, which expresses ancient women's pursuit of knowledge and equality between men and women. This is because in ancient times, women were considered to have no need for debate or argument, a sentiment reflected in the phrase 'a woman without debate is virtuous'. However, this exhibit challenges this stereotype, demonstrating instead the aspirations of ancient women towards education and gender equality."

参考文献

[1] 萨默瓦,波特.文化模式与传播方式[M].北京:北京广播学院出版社,2003.

[2] 索绪尔.普通语言学教程[M].高名凯,译.北京:商务印书馆,1980.

[3] 泰勒.原始文化[M].连树声,译.上海:上海文艺出版社,1992.

[4] 白桂芬.文化与翻译新探[M].北京:中国纺织出版社,2017.

[5] 白靖宇.文化与翻译(修订版)[M].北京:中国社会科学出版社,2010.

[6] 包惠南,包昂.中国文化与英汉翻译[M].北京:外文出版社,2004.

[7] 岑运强.语言学概论[M].北京:中国人民大学出版社,2015.

[8] 陈浩东.翻译心理学[M].北京:北京大学出版社,2013.

[9] 陈坤林,何强.中西文化比较[M].北京:国防工业出版社,2012.

[10] 褚妍,佟玉平.功能翻译论视角下外宣翻译的多维度研究[M].长春:吉林大学出版社,2020.

[11] 《辞海》编辑委员会.辞海[M].上海:上海辞书出版社,1989.

[12] 邓薇.外宣翻译译者主体性能力范畴化研究[M].北京:知识产权出版社,2021.

[13] 范祥涛.中华典籍外译研究[M].北京:外语教学与研究出版社,2021.

[14] 方梦之.译学辞典[M].上海:上海外语教育出版社,2003.

[15] 房晶.跨文化视域下的旅游外宣翻译研究[M].长春:东北师范大学出版社,2016.

[16] 傅铿.文化：人类的镜子[M].上海：上海人民出版社,1990.

[17] 高磊.基于不同视角下的外宣翻译研究[M].哈尔滨：哈尔滨工业大学出版社,2019.

[18] 高名凯,石安石.语言学概论[M].北京：中华书局,1963.

[19] 汉语大词典编纂处.汉语大词典(第二卷)[M].上海：汉语大词典出版社,1988.

[20] 何江波.英语翻译理论与实践教程[M].长沙：湖南大学出版社,2010.

[21] 胡蝶.跨文化交际下的英汉翻译研究[M].长春：东北师范大学出版社,2018.

[22] 胡兴文.叙事学视域下的外宣翻译研究[M].上海：上海交通大学出版社,2019.

[23] 胡妤.描写译学视域下的外宣翻译规范研究[M].上海：上海交通大学出版社,2019.

[24] 黄成洲,刘丽芸.英汉翻译技巧[M].西安：西北工业大学出版社,2008.

[25] 黄净.跨文化交际与翻译技能[M].天津：天津大学出版社,2019.

[26] 贾钰.英汉翻译对比教程[M].北京：北京语言大学出版社,2018.

[27] 江峰,丁丽军.实用英语翻译[M].北京：电子工业出版社,2009.

[28] 姜荷梅.英汉互译教程[M].上海：复旦大学出版社,2017.

[29] 兰萍.英汉文化互译教程[M].北京：中国人民大学出版社,2010.

[30] 蓝纯.语言学概论[M].北京：外语教学与研究出版社,2009.

[31] 李建军.文化翻译论[M].上海：复旦大学出版社,2010.

[32] 李建军.新编英汉翻译[M].上海：东华大学出版社,2004.

[33] 李雯,吴丹,付瑶.跨文化视阈中的英汉翻译研究[M].长沙：湖南师范大学出版社,2018.

[34] 李侠.英汉翻译与文化交融[M].成都：电子科技大学出版社,2020.

[35] 李学爱.跨文化交流：中西方交往的习俗和语言[M].天津：

天津大学出版社,2007.

[36] 梁晓玲,李圣贤.跨文化交际技巧:如何与西方人交往[M].北京:对外经济贸易大学出版社,2013.

[37] 廖美珍.语言学教程(修订版)精读精解[M].成都:西南交通大学出版社,2009.

[38] 凌来芳,张婷婷.中国戏曲跨文化传播及外宣翻译研究[M].杭州:浙江工商大学出版社,2019.

[39] 刘坤,王雪燕,任毓敏.中华文明的输出[M].长春:吉林文史出版社,2017.

[40] 刘宓庆.文化翻译论纲[M].北京:中译出版社,2019.

[41] 刘伟,杨淑芳,牛艳.叙事学视域下的外宣翻译研究[M].长春:吉林人民出版社,2022.

[42] 刘颖.计算语言学[M].北京:清华大学出版社,2014.

[43] 卢彩虹.传播视角下的外宣翻译研究[M].杭州:浙江工商大学出版社,2016.

[44] 卢红梅.华夏文化与汉英翻译(第二部)[M].武汉:武汉大学出版社,2008.

[45] 卢红梅.华夏文化与汉英翻译[M].武汉:武汉大学出版社,2006.

[46] 马会娟.汉英文化比较与翻译[M].北京:中国对外翻译出版有限公司,2014.

[47] 孟伟根.中国戏剧外译史[M].杭州:浙江大学出版社,2017.

[48] 平洪,张国扬.英语习语与英美文化[M].外语教学与研究出版社,2000.

[49] 孙俊芳.英汉词汇对比与翻译[M].北京:知识产权出版社,2016.

[50] 孙蕾.英汉文化与翻译研究[M].北京:中国书籍出版社,2014.

[51] 孙英春.跨文化传播学导论[M].北京:北京大学出版社,2008.

[52] 汪德华.中国与英美国家习俗文化比较[M].杭州:浙江大学出版社,2011

[53] 王端.跨文化翻译的文化外交功能探索[M].北京:中国广播

影视出版社,2019.

[54] 王力.中国现代语法[M].上海:上海教育出版社,1943.

[55] 王希杰.语言是什么？[M].上海:上海教育出版社,1983.

[56] 魏海波.实用英语翻译[M].武汉:武汉理工大学出版社,2009.

[57] 吴得禄.英汉语言对比及翻译研究[M].成都:电子科技大学出版社,2016.

[58] 徐通锵.语言论——语义型语言的结构原理和研究方法[M].长春:东北师范大学出版社,1997.

[59] 许宏.外宣翻译与国际形象建构[M].北京:时事出版社,2017.

[60] 闫文培.全球化语境下的中西文化及语言对比[M].北京:科学出版社,2007.

[61] 严明.大学英语翻译教学理论与实践[M].长春:吉林出版集团有限责任公司,2009.

[62] 杨岑.英汉翻译入门[M].长春:吉林人民出版社,2019.

[63] 杨友玉.多维视域下的外宣翻译体系构建研究[M].北京:中国水利水电出版社,2018.

[64] 姚小平.如何学习研究语言学[M].北京:北京大学出版社,2013.

[65] 叶蜚声,徐通锵.语言学纲要(修订版)[M].北京:北京大学出版社,2010.

[66] 殷莉,韩晓玲.英汉习语与民俗文化[M].北京:北京大学出版社,2007.

[67] 于艳.跨文化传播学视角下的外宣翻译研究[M].延吉:延边大学出版社,2017.

[68] 张白桦.翻译基础指津[M].北京:中译出版社,2017.

[69] 张国良.20世纪传播学经典文本[M].上海:复旦大学出版社,2013.

[70] 张晶.外宣翻译与跨文化传播研究[M].长春:吉林大学出版社,2020.

[71] 张娜,仇桂珍.英汉文化与英汉翻译[M].成都:电子科技大学出版社,2017.

[72] 张培基. 习语汉译英研究(修订本) [M]. 北京：商务印书馆, 1979.

[73] 张培基. 英汉翻译教程 [M]. 2版. 上海：上海外语教育出版社, 2018.

[74] 张青, 张敏. 英汉文化与翻译探究 [M]. 北京：中国水利水电出版社, 2015.

[75] 张全. 全球化语境下的跨文化翻译研究 [M]. 昆明：云南大学出版社, 2010.

[76] 张镇华. 英语习语的文化内涵及其语用研究 [M]. 北京：外语教学与研究出版社, 2007.

[77] 赵东玉. 中华传统节日文化研究 [M]. 北京：北京人民出版社, 2002.

[78] 赵晶. 融通中外的外宣翻译话语建构及其接受效果研究 [M]. 北京：对外经济贸易大学出版社, 2021.

[79] 赵荣光. 中国饮食文化史 [M]. 上海：上海人民出版社, 2006.

[80] 赵元任. 语言问题 [M]. 台北：台湾商务印书馆, 1968.

[81] 朱义华. 外宣翻译的政治性剖析及其翻译策略研究 [M]. 苏州：苏州大学出版社, 2017.

[82] 朱义华. 外宣翻译研究体系建构探索 [M]. 上海：上海交通大学出版社, 2021.

[83] 蔡秋阳. 植物感知影响因子及价值认知研究 [D]. 武汉：华中农业大学, 2017.

[84] 房泽庆. 中西传统节日文化的比较 [D]. 济南：山东大学, 2008.

[85] 付铮. 英汉色彩词的文化内涵对比研究 [D]. 北京：中央民族大学, 2019.

[86] 韩暖. 汉英禁忌语对比分析及其在跨文化交际中的回避策略 [D]. 哈尔滨：哈尔滨师范大学, 2016.

[87] 姬娟. 文化要素分析与中国传统节日研究——以春节、清明节、端午节、中秋节为例 [D]. 西安：陕西师范大学, 2011.

[88] 李杰玲. 山与中国诗学——以六朝诗歌为中心 [D]. 上海：上海师范大学, 2011.

[89] 刘娇. 汉英植物词文化意义的对比研究及教学建议 [D]. 沈阳：辽宁大学, 2017.

[90] 马红湘. 语言文化空缺与翻译策略 [D]. 长沙：湖南师范大学，2001.

[91] 马慧. 英汉语篇衔接手段对比及其翻译 [D]. 兰州：兰州大学，2017.

[92] 任继尧. 汉英委婉语对比研究与对外汉语教学 [D]. 太原：山西大学，2018.

[93] 宋鹰. 文化与习语翻译 [D]. 上海：上海海事大学，2003.

[94] 苏锦锦. 汉英动物词文化义对比与外汉词汇教学设计 [D]. 重庆：重庆师范大学，2014.

[95] 汪火焰. 基于跨文化交际的大学英语教学模式研究 [D]. 武汉：华中科技大学，2012.

[96] 王军霞. 汉语教学中英汉习语文化空缺现象研究 [D]. 济南：山东师范大学，2016.

[97] 王梅. 从英汉习语看英汉文化的异同 [D]. 成都：四川师范大学，2009.

[98] 王爽. 汉英习语文化对比 [D]. 哈尔滨：黑龙江大学，2011.

[99] 王玉芹. 从文化角度看英语习语翻译 [D]. 上海：上海外国语大学，2007.

[100] 武恩义. 英汉典故对比研究 [D]. 北京：中央民族大学，2005

[101] 夏露. 中英语言中"风"的概念隐喻对比研究 [D]. 武汉：华中师范大学，2014.

[102] 尤晓霖. 英国动物福利观念发展的研究 [D]. 南京：南京农业大学，2015.

[103] 张锐. 文化空缺视域下的汉英数字文化对比 [D]. 乌鲁木齐：新疆师范大学，2013.

[104] 陈冬雁. 译介学视域下中国民族文学"走出去"研究——以《狼图腾》的成功译介为例 [J]. 才智，2016（34）：238-239.

[105] 陈晶辉. 文化语境下的英汉植物词汇意义与翻译 [J]. 边疆经济与文化，2011（6）：32-33.

[106] 陈诗霏. 中华传统服饰文化外宣翻译的多视角探究 [J]. 英语广场，2022（2）：32-36.

[107] 陈仲伟，王富银. 中国文化典籍外译传播障碍研究 [J]. 海外英语，2019（1）：90-93.

[108] 丁婉宁,邵华,刘祥海.中英社会称谓语差异比较研究[J].海外英语,2019(23):224-225.

[109] 丁雪莲.传播学视角下新疆传统饮食文化外宣翻译策略[J].品位·经典,2023(1):54-56.

[110] 郭静.基于文化全球化背景下中国文化外宣翻译研究[J].中国民族博览,2023(20):199-201.

[111] 黄曼.汉语习语变异研究概述[J].社会科学战线,2014(12):275-277.

[112] 黄险峰.中西建筑文化差异之比较的探讨[J].华中建筑,2003(10):37.

[113] 黄忠廉,杨荣广,刘毅.少数民族文化外译的优先路径诠释[J].民族文学研究,2022,40(3):73-80.

[114] 贾洪伟.中国文化外译作品的出版与传播效应[J].外语学刊,2019(6):113-116.

[115] 贾洪伟.中华文化典籍外译的推进路径研究[J].外语学刊,2017(4):110-114.

[116] 兰玲.中西文化差异下的汉英动物词汇翻译[J].边疆经济与文化,2015(2):98-100.

[117] 李爱华.基本颜色词隐喻认知对比研究——以"红"和"red"为例[J].湖北经济学院学报(人文社会科学版),2014,11(9):122-123.

[118] 李亮.新疆文化负载词的英译[J].新疆职业大学学报,2016,24(3):52-55.

[119] 李琳琳,丛丽.基于文化翻译理论的中国建筑文化翻译策略探究[J].长春教育学院学报,2015,31(20):68-70.

[120] 李书影,王宏俐.基于读者接受的中华文化典籍外译研究——以《孙子兵法》为例[J].出版发行研究,2022(6):92-97.

[121] 刘兰君.英汉禁忌语之文化差异透视[J].教育现代化,2018,5(26):348-349.

[122] 刘芹.新疆高校大学生中华传统节日外译教学资源库建设探讨[J].产业与科技论坛,2023,22(14):247-248.

[123] 刘鑫梅,赵禹锡,刘倩.跨文化传播视阈下我国传统文化对外传播探析[J].传媒论坛,2018,1(14):1-2.

[124] 刘秀琴,董娜.跨文化交际中的英汉"委婉语"探讨[J].山西

广播电视大学学报,2018,23（4）:43-46.

[125] 卢逸玮,文炳.文化翻译视域下中国服饰文化负载词英译研究——以博物馆藏品名称英译研究为例[J].英语广场,2023（8）:16-19.

[126] 吕鹏,张弛,张智豪.文化"走出去"背景下中国纪录片解说词英译的语境顺应研究——以《舌尖上的中国》为例[J].英语广场,2018（11）:12-15.

[127] 马国志.文化视域下的英汉习语对比与翻译[J].科教文汇,2019（3）:180-183.

[128] 马晓彤,蔡薇.目的论视角下中国传统服饰文化翻译研究——以《丰乳肥臀》叶果夫译本为例[J].今古文创,2024（9）:101-104.

[129] 欧阳可惺.当代中国少数民族文学研究的三种范式[J].民族文学研究,2017,35（5）:5-19.

[130] 潘秋阳,衣莉莉,于鹏,等.基于译介学视域下中国民族文学"走出去"的分析[J].文化创新比较研究,2019,3（18）:188-189.

[131] 沈琳琳.文化传播语境下高职英语外译教学原则分析——以服饰文化翻译为例[J].职教论坛,2015（35）:70-73.

[132] 王凤霞,刘小玲.从信息论角度看新疆旅游资料的冗余翻译——以喀什地区为例[J].新疆广播电视大学学报,2011,15（2）:45-48.

[133] 王崧珍.翻译文化效应视域下新疆多元文化外译中译者文化自觉与文本选择[J].湖北函授大学学报,2015,28（12）:152-153.

[134] 王学强.中华优秀文化典籍外译何以"走出去"[J].人民论坛,2019（9）:132-133.

[135] 王伊君.中国饮食文化的英语翻译策略探讨——评《中国饮食文化(第二版)》[J].食品安全质量检测学报,2023,14（19）:322.

[136] 吴汉周.汉语言语禁忌与替代英译策略探究[J].广西教育学院学报,2022（6）:64-69.

[137] 吴艳.译介学视角下中华文化典籍外译的趋势与启示[J].文化创新比较研究,2023,7（25）:152-155.

[138] 肖唐金.跨文化交际翻译学:理论基础、原则与实践[J].贵州民族大学学报,2018（3）:23-38.

[139] 延丽霞.基于媒体融合传播的中华传统文化外宣翻译研究[J].常州信息职业技术学院学报,2020,19（3）:85-88.

[140] 杨超.人名、地名的中西互译[J].科学大众·科学教育,2017（8）:101.

[141] 杨帆.汉英称谓语的语用功能与翻译——以《红楼梦》为例[J].传播力研究,2018,2（33）:221.

[142] 杨惠馨,刘小玲.基于翻译视角的新疆民族文化研究现状及前景分析[J].新疆财经大学学报,2013（3）:58-61.

[143] 易安银,沈群英.汉英亲属称谓语的认知与翻译[J].科教文汇,2021（35）:187-189.

[144] 岳红.传播学视阈下中华文化外宣翻译策略研究——以甘肃民间传统节日文化翻译为例[J].湖北成人教育学院学报,2023,29（5）:104-107,112.

[145] 张欢.浅析文化语境对诗歌英译的影响[J].今古文创,2021（18）:123-124.

[146] 张璐.中国传统饮食文化与英语翻译[J].上海轻工业,2023（2）:88-90.

[147] 赵小娟.中西方称谓语对比分析[J].科教导刊(上旬刊),2019（31）:150-151.

[148] 周新凯,许钧.中国文化价值观与中华文化典籍外译[J].外语与外语教学,2015（5）:70-74.

[149] 朱梦.新闻传播中英语地名翻译探讨[J].科技传播,2015,7（10）:40-41.

[150] 朱颖娜.从动物词汇看英汉文化差异[J].才智,2017（11）:227.